WENDELIN ÜBERZWERCH

Uff guat schwäbisch

VERLAG KARL KNÖDLER REUTLINGEN

Die vorliegenden Texte wurden teilweise den früher erschienenen Bändchen des Verfassers „Uff guat schwäbisch", „Gaisburger Marsch" und „Ma ka' nia wissa" entnommen. Zum Teil handelt es sich um bisher nicht in Buchform veröffentlichtes Material.

Auswahl und Herausgabe: Dr. Norbert Feinäugle

Fotosatz: Letterstudio Reutlingen.
Offsetdruck: Robert Bardtenschlager, Reutlingen.
ISBN 3-87421-042-1

Vorwort

Wendelin Überzwerch

Wendelin ist der Schutzheilige des Hornviehs, Überzwerch der Querkopf, der alles verkehrt herum betrachtet. Ein Doktor der Philosophie mit dem bürgerlichen Namen Karl Fuß, in der ernsten Literatur bestens daheim, legt sich diesen närrischen Namen bei? Und man akzeptiert es, man liest ihn, man liebt ihn, lacht mit ihm, über die Dummen, die Klugen, über sich selbst. Vielmehr über das Widersprüchliche an ihnen, an uns allen, an der Welt, über die rätselhafte, unaufhebbare Mischung von gut und böse, von hell und dunkel. Seine Pfeile treffen, aber verwunden nicht, weil er Güte hat und ein brüderliches Lächeln für alles, was da lebt. Kein Verkünder, kein Lehrer, kein Revolutionär. Ein Friedfertiger, der ein wenig Wärme und Licht bringen will, der humane Anwalt des Gegenteiligen.
Es gibt Fernschwaben und Nestschwaben. Wendelin Überzwerch ist beides. In Memmingen, der alten oberschwäbischen Reichsstadt, ist er 1893 als Sohn eines Buchdruckers geboren. Das Schwerste traf ihn zuerst: die Mutter verläßt den Zweijährigen. (Und doch — oder gerade deswegen? — ist er ein Frauenlob geworden). Von Heilbronn aus geht er 15jährig ins schwierige Landexamen, ist vier Jahre lang Seminarist, in Schöntal, in Urach, wie sein geliebter Mörike. Nach dem Abitur zwei Jahre Tübinger Stiftler, Theologe also, bis zum Ersten Weltkrieg, der ihn aus sprühendem Studentenleben ins Gemetzel führt. Ein Oberschenkeldurchschuß läßt ihn in

russische Hände fallen. Fünf Jahre Sibirien. Er kommt durch, ist sogar zwei Jahre lang rechte Hand eines Bahnhofschefs in Tschita.
1920 endlich die Heimkehr. Vier Semester Studium, Germanistik und Geschichte. Die Inflation drängt zu raschem Entschluß: er wird nicht den sicheren Weg des Beamten gehen. Er doktoriert mit einer vorzüglichen Arbeit über den russischen Dichter Puschkin, wird Bibliothekar bei Krupp, dann Assistent bei den Essener Akademischen Kursen und an der Volkshochschule. In der Hitlerzeit steht er bei Krupp unter, als Leiter des Werkbildungswesens und der Betriebszeitung.
Seit 1923 hat er geschrieben: Gedichte, Hörfolgen, spritzige Kurzgeschichten aus der Gegenwart, Novellen. 1945 wird er ausgebombt. Das Nichtgedruckte ist verbrannt. Er steht vor dem Nichts.
Er findet zurück in die Heimat und findet das Volk, das Land. In Wilhelmsdorf, dem Geburtsort seiner Frau, schrieb er seine schwäbischen Gedichte. Breit, saftig, füllig aus dem heimischen Boden gewachsen tragen sie zugleich den Stempel seiner hintersinnigen Ironie, die mit dem Naiven und Banalen nur spielt. Und eben damit haben sie die Zukunft, in der für das bloß Treuherzige auch auf dem Land kein Raum mehr ist, und haben die Stadt.
Rastlos hat er weitergearbeitet: Erzählungen, Städtebeschreibungen, Vorträge über bedeutende Schriftsteller. Das Übermaß seines Wirkens hat seine Kraft verfrüht gebrochen. Er starb 1962 an den Folgen eines Herzinfarkts. Sein Tod war mild. Ein inniger Blick, ein tiefes Lächeln, ein beschwichtigendes Wort zu der bangenden Gefährtin seines Lebens waren das Letzte. Paul Wanner

Dr Föhn

Hörscht 'n brausa, pfeifa, lamentiera?
Herg'weht ischt dr Föhn heut nacht vom See.
Ka'scht 'n scho' en älle Knocha spüra!
Tuat dr's et au en dr Herzgruab weh?!

Uffm Kirchadächle dr Posauna-Engel
Duderat, wia wenn 'r blosa müßt'!
Ond am Bronna ächzt dr Pompaschwengel,
Wia 's Brigittle, wenn 's dr Frieder küßt!

Guck: vom Spritzahaus, do fallat d' Platta,
Fascht hätt' oine d' Bottafrau verwischt!
Dort am Zau' vom Auhof ruglat d' Latta;
Uff de Felder wirbelat dr Mischt!

D' Berg' siehscht, grad wia wenn da en drei Stonda
'namarschiera könntscht; bloß überm See
Dampft no Neabel — glei ischt 'r verschwonda:
Nackig standet se jetzt do em Schnee:

Säntis, Altmann, Tödi — Zack' an Zacka,
Bis ens Allgäu 'nei stoht Spitz' an Spitz. —
Halt dein'n Huat, Ma', he! Sonscht könnt's 'n packa:
Woischt: dr Föhn, des ischt a Malafiz!

Hörscht 'n brausa, pfeifa, lamentiera? —
Hoi — jetzt isch's uff oi'mol mäuslestill!
Paß bloß uff: dr Föhn ka' oin'n verführa,
Daß ma tuat, was ma em Grond et will!!

Em Februar

Em Februar isch 's Jôhr no' jong:
A Bürschle, knitz ond spritzig!
Tanzt 'om uff älle Fasnet-Båll'
Ond ischt reacht wonderfitzig!

Drfür wird 'r au schneller alt
Wia seine Monets-Gschwischter:
Noch achtazwanzig luschtige Täg
Isch's aus — verschwondan ischt er!

Em Februar blôst dr Wenter no'
An d' Fenschter weiße Rosa —
Jô, aber d' Täg send länger scho'
Ond kürzer d' Onterhosa!

's Eis uff m Stadtsee knackt ond knellt
Ond hot scho' Spreng' ond Rißle —
Ond wer a guate Nas' hot, riacht
Da Früahleng scho' a bißle!

Dr März

Dr März, des ischt a knitzer Ma,
Dem siehscht sei Schlauheit et glei a:
Der kommt bigoscht doch z'erscht drher,
Wia wenn 'r an alter Kerle wär:
No wenter-müad ond Schnee em Hoor,
Als wär 'r no vom alta Johr;
Ond grätig stapft 'r rom em Land,
Dr Reaga tropft 'm von seim G'wand,
Ond wo-n-'r goht, do hört mr kracha
's Eis von de gfrorne Wasser-Lacha!
Zmol aber — könnscht grad moina, 's sei
A regelreachte Zauberei! —
Zmol, sag i, währle, sieht der Denger
Doch aus, als wär 'r zwanz'g Johr jenger:
A Buabagsicht ond flenke Tritt,
Ond 's Gras wächst onter seine Schritt,
Ond aus 'm Kittel, eiderdaus,
Do ziaht 'r Früahlengsbleamle raus
Ond streut se gar et bhäb, rondom
An d' Häng ond en de Wiesa rom;
No hebt 'r d' Ärm — ond 's weht a Wend,
Bis d' Stroßa älle trocka send.
D' erscht Lerch sengt scho ihr Tirili —
'm März sei Liablengs-Melodie!
Gel, Leut, jetzt glaubat 'r doch dra:
Dr März, des ischt a knitzer Ma . . .!

Aprilawetter

Rega, Schnee ond nomol Rega,
Drondernei — hoscht was dagega? —
Noh a bißle Sonnaschei!
Ond a sottigs Kuttelmuttel will a Wetter sei?

Guck, selt hockt se uf-am Giebel,
D'Wetterhex, da Regakübel
Uf de Kniea — ond wia-n-er's gefällt
Gägt se halt ihr Wassergölt.
Ond des tropflet, regnet, pflatscht,
Daß es noh so zemmapatscht.

Aber du stohscht mittladrenna,
Ond de brauchscht de nemme bsenna,
Stohscht halt do — was ka'scht scho mache —
Machscht a Gsicht wia net ganz bacha,
Druckscht dei Sacktuach uf da Möckel,
Weil d' dein Spiaßer ond dein Deckel
Hoscht vergessa . . . Sei mr leis!
Noi, de hoscht — was gilt's — mit Fleiß
Boides en dr Stuba g'lassa. —
D' Sonn hot g'schiena uf dr Gassa,
Hoscht de mit deim Reißmateis
G'wärma wölla für a Weile . . .
Aber jetzat hoscht dei Teile! —

Naß bischt, naß bis onter d'Haut!
Ond dei Häs ischt glatt versaut:
Kittel, Hemmed, Hos ond Socka:
Dodra ischt koi Fada trocka,
Deine Schuah kascht kaum meh lupfa —
Ond dozuana hoscht da Schnupfa.

D' Wetterhex uf ihrem Dächle
Aber lacht — ond schlag me's Blechle —
Lacht ond macht a langa Nas,
Ond schreit laut: Aprila-Ga's!

Dr Mai

Dr Mai — ha, des ischt a Denger:
Hot 'm fenfe de Mädla an d'Läda klopft
Mit seine Blüatafenger —
Dô schlofat se nemme länger:
Send schnell aus m Bett 'rausg'hopft!

Se send ans Fenschter g'spronga —
Aber 's stôht neamad dô;
Bloß d' Amsla hent zärtlich g'songa
Em Kirschbaumbluscht, ganz nôh;
Ond riacha tuat's nôch Zyrenka
Em Gärtle vor m Haus —
Se kennat sich nemme aus
Ond wissat et, was denka . . .

Dô hôt doch wer an d' Läda na'depperat!
Dô hôt doch 's Glas von de Fenschter kläpperat!
O je — hent se gar ihr Glück jetzt versäumt?
Oder — hent se vielleicht bloß träumt . . .?

Se werdat rot ond standat stomm
Ond wissat gar et recht, warom . . .
Ond dr Mai — ? ! Der hôt sich leisle verdruckt:
Ischt über d'Hecka en d'Wiesa nei' g'juckt;
Ond z'môl verschwemmt 'r ei'fach em Luft:
Ischt bloß no' Sonnaschei' . . . ond Glanz . . . ond Duft . . .

Dr Juni

Dr Juni — gel: des ischt doch wohr? —
A Ma' isch 's en de beschte Johr:
Vom Früahleng hot 'r no dr Schwong,
Ischt frisch ond keck ond stark ond jong —
Ond hot en ällem, was 'r tuat,
Doch au' da Sommer scho' em Bluat:
Blost 's Korn a' — ond no wird 's bald gäl
Ond riacht noch Reif-sei ond noch Mehl;
Ond wird 's 'm z'warm em Sonnaschei',
No sprengt 'r en da Badsee nei'!

De kürzescht Nacht, dr längschte Tag,
Voll Träubla jeder Gartahag;
Am Acker-Roi blüaht 's rot ond blau
Ond en de Bauragärtla au;
Do schlupfat am Spalier beim Haus
Scho d' erschte rota Luiga raus.

So ischs em Juni — reif au send
No d' Kirscha so am Monatsend.
Ond feierlich schier wird drs zmuat,
Weil 's Johr do grad en gleiche Schala ruaht . . .

Em Juli

Scho' standat d'Roggafelder brau',
Kornbluama an de Ränder;
Dr Rittersporn guckt übern Zau' —
's ischt Juli em Kalender!

Dr Wald ischt gre', dr Hemmel blau:
Dr Sommer ischt jetzt komma.
Bald hört mr d'Mähmaschene au
Nô über d'Äcker bromma!

Sandala trägt mr jetzt statt Schuah;
Dr Eis-Ma' scheffelt Zehner;
Em Freibad, do goht's hantig zua —
Em Wasser isch's viel schöner!

Vor Hitz ond Sonna durmelscht schier,
Wenn d' Träubla brockscht em Garta;
Mei' Birnabäumle am Spalier
Ka's au kaum meh' verwarta!

So dämpfig isch's, da schnaufscht so schwer;
Am Hemmel stoht a Gwitter —
Ond onser Fäßle Moscht em Kehr
Hot bloß no a paar Liter!

Em August

Em Auguscht gang 'naus uffs Land,
Setz de an 'n Ackerrand:
's Korn stoht ma'shoch, gold ond brau',
Zwischadren, a farbigs Gwand,
Leuchtet Kornbluam, Mohn ond Wicka —
Ond an jedem Gartazau'
Sieht mr goldener no nicka
Sonnabluama, löwamähnig:
Als de reachte Gartakönig'!

a' guate Obschternt' heuer!

D' Äscht hent heuer schiergar brecha wölla,
Dicke Stanga hot ma müaßa dronterstella;
's Laub isch gega sonscht no greener,
Röter d' Äpfel no' ond schöner.
Guck: dr Saft spritzt grad drvo',
Hoscht 'n Biß en' d' Luiga to'!

Hot's em Mai et g'schnia vor lauter Blüata?
Ond wia ischt em Juli d'Sonna gwea am Brüata!
Do hot's jo en volle Häufa
Em September müaßa reifa!
Brazzlat voll send älle Körb —
Ob i au vielleicht oin' erb'?

Dr Oktober

Dr Oktober ischt a Taschaspieler,
Wia se ällbott uff de Jôhrmärkt' send:
Glänzt a Sonna-Tag no', so a schwüler,
Ha, nô zaubert doch der Kerle gschwend
Überaal en d'Luft so Silberfäda,
Glitzrig-fei' ond spennanetzlas-denn —
Ond 's Spalierobscht klöpft an d'Fenschterläda,
Dô ischt d'allerletzschte Süaße dren!

Ischt 'r aber grätig, dr Oktober,
Schüttelt 'r sein' alta Zwilchsack aus,
Ond dô purzlat — de'scht a Ma', a grober! —
Lauter kalte Herbschtstürm aus 'm raus!
Oder sieht mrn übern See sich bucka:
Blôst so über'n na' — scho' ischs passiert:
Z'môl tuat 's Wasser sich dô zammadrucka,
Daß a hauchdenns Krüschtle drüber gfriert!

Jeda Tag wird's Wetter jetzt nô kühler,
Über d'Stoppelfelder pfeift dr Wend —
Dr Oktober ischt a Taschaspieler,
Wia se ällbott uff de Jôhrmärkt' send . . .!

Em November

Jetzt hôt's da Schnapper to':
Dr Herbscht lauft konig aus —
Dr Wend blôst wüascht oms Haus,
Ond ällbott schneit's au' scho'.

Jô: dr November ischt
A müader alter Ma';
Der strengt sich nemme a',
Bis vollends 's Jôhr verlischt.

Koi' Vögele hörscht meh';
Bloß en dr Reaga-Renn',
Dô gluckert 's Wasser dren —
Oje, des ischt et schö'!

's send älle Gärta leer,
Vertappt isch's Laub em Wald;
Dr Wenter kommt jetzt bald
Mit Froscht ond Eis drher.

D'Täg' send jetzt kurz ond gschwend;
D'Nächt brauchat elend lang,
Ond manchmol wird's oim bang,
Wenn se so donkel send. —

Wenn's no' scho' Chrischttag wär'! —
A dicker Neabel dampft,
Ond über d' Äcker stampft
Jetzt dr November schwer . . .

Em Dezember

Em Dezember — lahm ond kromm;
Nottlat 's Jôhr bloß no' so 'rom;
Aber eh' 's nô voll verlischt,
Zoigt's, daß doch no' Moischter ischt:

Kalt dr Luft ond rauh dr Wend —
Ohne Hendschich frierscht an d'Händ';
D'Stroßa send vom Schnee verweht,
Ällbott kommt dr Poscht-Bus z'spät!

Jô: jetzt wenterat's halt fescht;
's Ofa-Plätzle ischt scho' 's bescht'.
Wenn da Pech hoscht, friert dr dei'
Wasserloitong trotzdem ei'!

Aber schö' send oinaweg
Sotte klare Wentertäg' —
Gang uff d' Alb: em Rauhreif nô
Standat d'Bäum' am Morga dô! —

's Jôhr vergoht jetzt vollends schnell —
Aber dr Dezember, gel,
Ischt sei' schönschter Monet doch:
Zua ehm ghört jo d'Weihnachtswoch'!

Lob des Oberlands

Prahlat et so stolz, ihr Leutle,
Mo en Stuagert wohna dent!
Woiß scho': ihr send Siebagscheitle,
Weil 'r Großstadtmenscha send!
Eure Weiber, eure Bräutle
Hent ganz feine Seidehäutle —
Ond wia lauft ihr Mäule gschwend!

Mir em Oberland send rauher,
Räßer au uff jeda Fall;
Jeder zwoite ischt a Bauer,
So a knitzer, so a schlauer,
Mit zwölf Stucker Vieh em Stall!

Guckat onser Land no a':
Äcker, Wiesa, Woida, Felder,
Bächle, Torfriad, Seea, Wälder —
Ond ganz selta kommt ma na'
Au emol an d'Eisebah'!

Viel Fabrika hemmer et,
Hent koi' Sehnsucht au' noch dene;
Viele Dörfer, wenig Städt' —
Aber wenn: no was für schöne!
Bischt en Ravensburg mol gwea?
Hoscht da Marktplatz z'Biberach g'seah?!
Bischt durch Ehenga mol ganga?
Kennscht au 's Allgäu? Isny? Wanga?

Aber onser allergröschter
Stolz send onsre Kircha ond Klöschter!
Zwiefalta — Ma', do wirsch fromm!
Wei'garta — des haut de om!
Schussariad ond Weißenau,
Rot ond Ochsahausa au —
Überall bemmelt d' Kirchaglock' —
Mir send 's Land vom Hochbarock!!

Leutle, tät' ma do druff ganga,
Könnt' ma' moina: d' Seela-Ruah
Sei grad onser höchschts Verlanga —
Aber dont et weiter banga:
Au bei ons goht's irdisch zua!
Feschta könna mr wia Ihr donta,
Was ons Spaß macht, nemma mr mit —
Sogar d'Haierle hent 'n g'sonda,
Guata Lebens-Appetit!!

Em Riad

Geschtern han i drauß em Riad
Wasa omg'setzt, schwere Brocka.
Be' no heut rechtschaffa müad —
Aber schö' isch halt, em Riad
Am a Maiamorga hocka!

Han da Kittel 'ronterto',
Daß dr Luft hot a' me könna;
's Hemmad han e schliaßlich no'
Au beim Schaffa 'ronterto' —
Do hot d' Sonna könna brenna!

D' Birka standat om oin' 'rom,
's Wasser gurgelat em Graba,
Ond no packscht so Tromm für Tromm
Von de Torf ond drehscht se rom —
's send de reinschte Zeita-Waba:

Denk: zeahtausad Johr ond meh'
Send do 'neigschlupft en dia Denger;
Wald isch gwea ond Sompf ond See —
Ond des älles ond no meh'
Nemmscht en so' ma Torf en d' Fenger.

So kommscht en's Senniera 'nei,
Grüabelscht 'rom wia d' Philosopha —
Aber 's Schönschte wird halt sei',
Schiabscht em Wenter d' Wasa 'nei'
En de Ofa!!

Beim Hembeerbrocka

I ka' guat ohne Menscha sei':
Am liabschta gang i ganz allei'
Über d' alt Steig', vrbei am Rogga,
En Wald 'nei, ond tua Hembeer brocka.
Do oba isch ganz kirchastill —,
Grad reacht, wemma für sich sei' will.

Mei' G'schirrle bend' i mir an d' Ripp'
Ond no goht's los durchs Dornagschtrüpp!
Do gibt's viel Kretzer 'na an d' Händ —
Mei'tweaga: wenn i no was fend'!

Des isch a Freud: wia rote Tropfa
Dia Beera von de Ranka zopfa!
Dia oine send bescheida klei',
Andre send Glonker, schwer wia Stei';
De gröschte, han i staunend g'fonda,
Dia wachsat oft am Boda onta.
(Em Leaba isch au so, daß z'nächst
Em Schatta grad oft 's Beschte wächst . . .)

Wia isch do oba friedlich, gelt?
Em Wald vergißt ma' halt d' ganz' Welt;
Do isch 'm liaba Gott ma' noh,
Do könnat d' Menscha oin'n — no jo . . .!
Do legt ma ab sein'n Zorn ond Groll —
Ond langsam wird mei' G'schirrle voll!
I steck mol d'Nas' nei, heidasack:
Isch des a G'ruch, isch des a G'schmack!

's kommt au mol zwischanei' — wa witt?! —
's oi oder ander Würmle mit!
Macht nix: so Tierle, dia verschnellt's —
Dia merkt ma' später et em Gsälz . . .

Überschwemmt

Da hatte ein schwäbischer Landwirtschaftsverein seinen Jahresausflug in den sonnigen Süden angesetzt — nach Venedig sollte die Fahrt gehen. Auch die alte Bäuerin vom Haldenhof — schon weit über 70 Jahre — machte mit: ihre Kinder zahlten ihr das Reisegeld: Sie hab' so viel geschafft in ihrem langen Leben, sie solle es jetzt auch einmal gut haben! Die alte Bauersfrau sagte gar nicht nein und fuhr munter mit los. Mit ihren immer noch flinken Äuglein erhaschte sie soviel wie möglich von der Schönheit der Welt und kam aus dem Staunen nicht heraus. — „Wia isch gwea en Venedig?" fragte man sie nach ihrer Rückkehr. „Ha, scho reacht", erwiderte sie, „mr hent bloß a bißle Pech mit 'm Wetter ghet: de ganz' Stadt ischt grad überschwemmt gwea, m'r hent bloß mit Schiffle romfahra könna!"

Verkehrt gefahren

Der alte Bartholomä ist neulich über Land gewesen; trotz seiner 80 Jahre ist er noch recht gut zu Fuß. Seine Gänge sind natürlich auch nicht ohne Zweck und Ziel — was man so „spazierengehen“ heißt, das hat er im Leben nie betrieben! Auf dem Heimweg ist er, nach einem sehr nassen Vesper, doch ein bißchen müd geworden und beschließt daher, den Autobus zu nehmen, obschon er im allgemeinen dies „Nuimodisch Zuigs“ nicht schätzt. Das gelbe Ungetüm braust auch heran, ein ganz moderner Wagen ist es mit allen Raffinessen, bei dem der Motor fast unsichtbar ins elegant geschwungene Gehäuse eingebaut ist. „Noch Ixwanga“, verlangt der Bartholomä seinen Fahrschein. Der Schöfför lacht: „Ja, Großvater, do send Ehr en da falscha Waga g’stiega — mir fahrat en d’ Stadt nei, omg’kehrt!“ Richtig „narrat“ steigt der Bartholomä wieder aus und bruttelt: „Dui nuie Hurakärra, wo ma nemme woiß, was hent ond vorn ischt!“

Zwischen Aulen- und Pfullendorf

Im Oberland existiert ein Bähnle, das mit viel Gekeuch und Gebimmel und mit schneckenhafter Eile das Gelände durchrast! Auf ihm fuhr lange ein Schaffner, der für seine schwäbische Originalität und seinen Mutterwitz bekannt war. — Passierte es da eines Tages, daß auf der Station A. eine Dame, die sich von den gewöhnlichen Fahrgästen durch Eleganz und norddeutsches Idiom auszeichnete, am eben eingelaufenen, aus drei Wagen und einem Viehwagen bestehenden Zug suchend entlang lief, ohne sich offenbar entschließen zu können, in welches vornehme Abteil (es war zudem noch in der kargen R-Mark-Zeit) sie einsteigen solle. Da rief unser Schaffner aufmunternd: „Hallo, Fraule, suachat Se da Speisewaga? Den hammer heut it drbei!“

Wie du mir ...

Eine große Leich' wird es geben beim Brunnenbauer. Er hatte weit und breit den größten Hof gehabt, seine Sippe war sehr verzweigt, er war Gemeinderat und Träger sonstiger Ehrenämter, Vorstand und Mitglied vieler Vereine, die sich mit Singen, Musizieren, Kegeln und sonstigen Lustbarkeiten befassen! Man mußte einfach zur Leich', das gehörte sich so.
Bloß der Wannenbauer, zudem sein Nachbar, wollte nicht. Einfach aus Bequemlichkeit. Man mußte sich mitten in der Woche rasieren, den Bratenrock anziehen, der zu eng war — und ein Wagen Gerste lag auch noch auf dem Acker, der heute morgen eingefahren werden sollte. — Als man ihm aber schließlich heftig zusetzte: „das" dürfe er doch dem Nachbar nicht antun, da raunzte er unwirsch: „Ond i gang et! Dr Bronnabauer goht mir au nemme zur Leich'!"

's Heinerle

Des ischt jetzt au scho' arg lang her, daß i 'm Heinerle sei' Bekanntschaft gmacht han, ond des g'heit mi heut no' et! Daß i 's glei sag': 's Heinerle ischt et meh ond et weniger gwea wie a Handwerksbursch. A Handwerksbursch vom schwäbischa Oberland (ond vor vierz'g Johr ischt des eigentlich no a recht ehrawerter Stand gwea): koi' „Landstreicher", dem ma' nachts et alloi' hätt' begegna möga. Dr Karo und dr Bello ond dr Tyras ond wia dia Hond uff dene Höf' ghoißa hent, dia hent des au guat gwißt, ond hent et groß bellat, wenn's Heinerle oder oiner von seine Kollega älle paar Monat amol bei ihrem Baura ei'kehrt ischt. I glaub fascht, dia Hond hent so ebbes wia a „Wahlverwandtschaft" gspürt: so zua'ghörige ond treue Seela send dia Handwerksburscha gwea.
Natürlich: ebbes hot et ganz g'stemmt mit ene, sonscht wäret se et so 'romzoga zwischa Donau ond Bodasee. Daß i's no gradraus sag': se hent älle gern a bißle „glupft" — aber et d' Kornsäck', sondern 's Gläsle, ond wenn Schnaps dren gwea ischt, ischt 's ene liaber gwea wia Bier! Also „Lemple" send se scho' a weng gwea, ond dr Arbet send se aus 'm Weag ganga, 's hot jo au so viel andere Leut ghet, dia gern gschafft hent!
Aber i will jo vom Heinerle verzähla. Also der ischt eigentlich Maurer gwea, ond des woiß ma' jo, daß dr Staub bei dem Handwerk arg durschtig macht ond trocka fuattera paßt et drzua. 's Heinerle hot sei' Gschäft guat verstanda, aber 's ischt halt emmer wieder vorkomma,

daß er am Sonntig da ganza Wochaloh' samt 'm neue A'zug versoffa hot! Ond so ischt halt 's Heinerle allmählich a „Lemple" worda, a Handwerksbursch!
Wenn i allemol als jonger Kerle en d' Roßhalde zom Onkel Baschte uff B'suach 'komma be', no han e au emmer gfrogt: „Ischt 's Heinerle no' et do gwea?". No hot älles gschmonzelt, ond 's Menabäsle, mo uffm Hof gwea ischt ond a bißle henta rom regiert hot, dia hot gsait: „'s wird bald mol wieder so weit sei'!" Ond d' Bäuere hot gsait: „Jo, i han 'm scho' a Paar neue Socka herg'richt!", denn se isch a seelaguats Weib gwea ond 's Heinerle hot se ens Herz gschlossa ghet, weil er früher amol bei ihrem Vatter als Mäurer gschafft ghet hot. Ond wemma a guats halb Dutzad Kender großzieaht, no kommt's uff oin meh' oder weniger zom Bemuattera au nemme a'!
Ond richtig: oi's Tags ischt 's Heinerle do gwea! Ischt uffm Gassabänkle gsessa, hot sein'n Stoi' Moscht neaba sich ghet ond sei' Stück Brot, ond d' Kender send om en romgstanda, ond dr Bello hot em d' Hand gschleckt — der hot ganz genau gwißt, daß 's Heinerle mit zur Familie g'hört!
Ond no ischt 's Heinerle ens Dorf 'nei'ganga ond überall hent d' Kender gschria: „'s Heinerle ischt do, 's Heinerle ischt do!" Ond a ganzer Rattaschwanz von Buaba ond Mädla ischt henterm Heinerle herzoga — ond der ischt no zom Lutz en sei' Lädle nei'ganga, hot sein'n Hosasack omdreht, seine rote Pfennig z'sammaklaubt ond Bom-

bola ond Schokolädla 'kauft; no hot 'r sich uff d' Stieag vom Wirtshaus g'setzt ond hot's de Kender austoilt — i be' domols scho' en d' Lateinschual ganga ond han ebbes uff mei' „Bildeng“ g'halta (später vergoht oim des!) ond han no allemol denkt: des ischt grad wia d' Lotte em Werther vom Goethe! Dia Schleckmäuler send a'dächtig om en 'romgsessa ond no hot 'r verzählt — o, verzähla könna hot der Ma', do hoscht Maul ond Nas' uffgsperrt, 's Heinerle ischt nemlich als jonger Mensch weit en dr Welt 'romkomma, bis em Rhei'land ond em Tirol ischt 'r gwea!
Ond no ischt er ens Wirtshaus nei'ganga ond weil ma'n überall hot möga, vo' früher her, hent's 'm älle gern oi's spendiert, ond so ischt 's Heinerle billig zu seim Rausch komma! Ausg'schlofa hot er'n em Saustall von dr Roßhalde, ond wenn 'm no am nächschta Morga d' Bäuere hot d' Levita verlesa, no hot er bloß verschmitzt guckt ond hot gsait: „I dank halt au reacht schö' für d' nuie Strempf — ond wenn i halt jetzt no' a Krüagle Moscht han könnt — zom Abgwöhna!“ No hot d' Bäuere natürlich au lacha müaßa, ond er hot sein'n Moscht kriagt ond a Speckle, ond nochher ischt 's Heinerle wieder weiterzoga, ond d' Kender hent fascht gheult, ond dr Bello hot mit'm Schwanz gwedelt!
Oi' Mol bloß han e verlebt, daß 'r narrat gwea ischt, dr Heiner. Do hot er amol en era guata Stond der Bäuere a paar zammagsparte Märkle geaba — „zom Aufheba“,

weil er gwißt hot, daß bei ehm d' Säck Löcher kriagat, wenn d' Hos' ema Wirtshaus sitzt! Se solls 'm nia wieder geaba, des Geld, hot er gsait, außer wenn er wirklich en Not sei. Aber scho' bei seim nächschta Bsuach hot er 'n bsonders groß a Durscht mitbrocht ond hot sei' Geld wieder han wölla. Aber d' Roßhaldebäuere hot gsait: „Noi, des Geld kriagscht et, du versaufsch's doch bloß"! Do ischt der Kerle also richtig narrat worda ond hot deberet ond hot ebbes von „a'zoiga" gschwätzt, aber d' Bäuere hot koi' Angscht ghet ond ischt et rausgrückt mit dene Märkle. Do hot er gschriea: „I zend Uich 's Haus a'!" ond ischt drvo' ganga. Ens Wirtshaus natürlich. An dem Obad ischt er et en sei' gwöhnlichs Quartier en Saustall komma, ond dr Onkel Baschte ischt nachts a paar Mol uffgstanda, für da Fall, daß 's Heinerle hätt' domme Sacha macha wölla. Aber d' Bäuere hot bloß g'lacht drzua. — Am nächschta Morga ischt 's Heinerle ganz vorna am Gartazau' von dr Roßhalde gsessa, ond hot sich et 'rei'traut, so gschämt hot er sich, ond d' Bäuere hot müaßa 'naus ond 'n 'rei'hola. Ma' hot au weiter gar nemma von dera Gschicht gschwätzt.

En dr Enflationszeit hot 's Heinerle triomphiert! Do hot er sich ebbes drauf z'guat to', daß 'r nix gspart hot — „I han mei Kapital em Gürgele!" hot er gsait ond hot de andere ausglacht.

A Mol hot dr Schandarm 's Heinerle mitgnomma, wahrscheinlich hot's mit seine Papier et ganz g'stemmt; do ischt ene a Bauer begegnet, mo 's Heinerle kennt hot, ond hot en gfrogt, wo er denn en so vornehmer Begleitong he' wöll'. Aber 's Heinerle hot gschmonzelt ond hot gsait: „Uff 's Münchner Schützafescht ond der do" — ond hot uff da Schandarm ditta — „ond der do trägt mr mei' Gwehrle noch!" — Ond a ander Mol, wo 'n a Schandarm visitiert hot ond gfrogt, woher er denn komm, do hot er seelaruhig zur Antwort geaba: „Vom Roßhandel", ond hot a Holzgäule aus dr Tasch 'zoga, mo ner für a Kend hot gschnitzelt ghet! —

Z'letscht ischt er habblend gwea ond grätig worda, bloß d' Kender hot er emmer no' elend möga, ond d' Kender ehn. Ond no hot ma'n halt amol em Stroßagraba gfonda ond er ischt scho' kalt gwea. Leut send bei seiner Leich gwea wia bei ma reicha Bauer. Ond dr Pfarrer hot arg schö' predigt ond dr Text ischt gwea: „Selig send, die reinen Herzens send".

Kleine Betrachtong vor 'm Saustall
(1946)

Ihr hent's aber guat, ihr Säu':
Kriagat z'fressa ohne Karta,
Brauchat au et Schlanga steah
Ond so lang vor'm Lada warta!

Hent Kartoffel, Milch ond so,
Was ma' braucht an Kaloriea;
Jo: ond 's Fett — des könnat Ihr
Aus 'm oigena Ranza zieha!

Über oi's bloß staun' i do:
Daß ihr grad wia d' Menscha streitig
Stupfat mit de Rüaßel 'rom —
Send ihr au so futterneidig...?!

Ähralesa

Bucka, bucka, bucka!
Bend dr 's Säckle om!
Abe mit 'm Rucka —
Derfscht et nore gucka,
Wird dr 's Kreuz au kromm!

Bucka, bucka, bucka!
's Ährasäckle ka'
Viele Körner schlucka —
Muascht de ällweil ducka
Bis an Boda na'!

Bucka, bucka, bucka!
O, des koschtet Kräft'!
Staub ond Dreck muascht spucka,
Ond wia plogat d' Mucka —
's ischt a sauers Gschäft!

Bucka, bucka, bucka!
Aber 's hebt au d' Seel':
Wenn da schaffscht, tuat's stucka —
Ond tuascht 's Körnle drucka,
Geit's a Stäuble Mehl!

Sichelhenke

Schwere Garba, volle Wäga —
Erntesega, Erntesega!
Gerschta, Woiza, Korn ond Denkel —
Bis en letschta Scheurawenkel
Muaß ma d' Garba pressa.
Bauer, Bäu're, Mägd' ond Knecht' —
D' hoiße Täg ond d' kurze Nächt'
Hent se gern vergessa:
Jetzt, mo jedes Eckle g'füllt,
Jetzt, mo's schiergar überquillt
Rengs en Schöpf ond Scheura!
Heut kommt 's letschte Gärble 'rei' —
Ond drom dürfat älle fei'
Sichelhenke feira!
Brota gibt's ond Nudelfleck,
Zwiebelkuacha, g'räuchta Speck
Ond 'n Saft zom Trenka.
Draußa onterm Erntekranz
Uffg'spielt wird nochher zom Tanz,
Ka' ma d' Mädle schwenka!
Platz gibt's en dr Ei'fahrt gnuag —
's Fäßle her ond her da Kruag,
G'feschtat wird heut pfondig!
G'schuftat hot ma', des ischt wohr,
Aber d' Ernt ischt henn vom Johr —
Heut ischt Baurasonntig!

Manna, heut kommt's et druff a' —
Wemma mol vergnüagt sei' ka',
Send's mit guatem G'wissa!
Donkel isch es henterm Schopf:
Kaum fendsch 's Mäule ond da Kopf,
Witt dei Mädle küssa!

Schwere Garba, volle Wäga —
Erntesega, Erntesega!
Bald isch 'droscha — ond drhenter
Kommt dr Herbscht ond kommt dr Wenter.
O, no gibt's für Mägd' ond Knecht'
Kurze Täg ond lange schöne Nächt' . . .

Baurabrot

Do leit dr Brotloib: groß ond rond,
Von außa brau', von enna blond,
Schö' knuschperig — ond wiagt zeah Pfond!

Nemm 's Messer, schneid sell Loible a',
Woischt: 's Knäusle, des ischt 's Beschte dra' —
Ond tua a guats Tromm Butter na'!

No läscht dr's fei' fescht schmecka, hörscht!
Wenn d' om da ganza Loib' romfährscht,
No isch's so weit: no battet's erscht!

Jo: guat ond schmack isch's Baurabrot,
Macht d' Ärm dr stark ond d' Backa rot;
So lang mr des hent, geit's koi' Not!

(Ond 's Rickele von Nochbers Zau' —
Mit Härle blond ond Häutle brau' —
Dia ischt wia's Brot: dia möcht i hau!!)

A Reagatag

Früahmorgads streckt dr Baur em Haus
Sein dicka Grend zom Fenschter 'naus.
'r bruttlat, ziaht 'n wieder ei':
Heut reagalat 's stricknodelfei'.

A Stond druff giaßt's wia Bronnarohr,
Dr Baur stoht am Scheurator;
'r holt bloß no' da Klee vom Hag —
Heut gibt's 'n Baurafeiertag!

'r veschperat a Mordstromm Käs,
Trenkt Moscht drzua, der ischt schö' räß,
Ond no wurd d' Tubakpfeif' a'g'steckt —
Macht nix, daß noch Kamilla schmeckt!

Em Stall, do werkat seine Leut —
Er macht sich's mol gemüatlich heut.
Von selber schafft heut d' Ackerfurch',
En Ruah liest er sei' Zeitong durch. —

Guck na': a Sonnastrahl em Dreck!
Dr Bauer schmeißt sei' Pfeifle weg.
„He, ei'g'spannt! Los!" Ond mit oim Schlag
Isch's aus mit 'm Baurafeiertag!

Baura-Sonntig

Sonntig isch, heut hot ma Ruah, Gottseidank!
Dr Bauer sitzt uff dr Gassabank;
Er raucht sei' Pfeifle ond denkt: morga früah
Gang i uff's Feld ond pflüag mit de Küah.

D' Sonna scheint warm, der Moscht isch scho' lack
(Oigas G'wächs isch er, grad wia dr Tabak!)
O, wia oi'n 's Gruaba am Sonntig doch freut —
Dr Pfarrer hot's au en dr Kirch' jo heut g'sait!

D' Kenderla spielat em Baumgarta wo:
Fangerles, Rengelreiha ond so.
D' Henna gackerat ab ond-zua. —
Ond dr Gockel kennt au koi' Sonntigsruah!

Dr Bauer vom viela G'schäft en dr Woch'
Isch ei'gnickt a weng — aber 's Pfeifle dampft doch!
Do kommt dr Nochber ond gibt 'm 'n Buff:
Er holt 'n zom Gaigla, do wacht 'r glei' uff!

D' Bäuere aber, dia muaß jetzt en Stall:
D' Viecher went fressa ond d' Euter send prall.
Für d'Frau goht dr Sonntig noh zemma wia koi'm:
Dr Ma' sitzt em Wirtshaus ond sui schafft drhoim!

Metzelsuppa-Kantätle

D' Bäuere sait: „Ma', guck her:
's Häfele fürs Schmalz ischt leer!
B'stell da Metzger ond b'sorg G'würz:
Onser Säule — g'schlachtat wird's!"

Sait dr Bauersma' vergnüagt:
„Jo, wo d' Sau fenf Zentner wiagt!
Schenka hot dia uff de Tritt —
Marie, do kommscht du et mit!"

D' Bäu're lacht: „Mach koine Raich!
Also saisch 'm Metzger Schlaich,
Morga soll 'r früah do sei' —
Ond lädscht au d' Verwandtschaft ei'!"

Ond no gangat älle boid
No en Stall zur Augawoid:
Guckat 's Säule nomol a',
Nickat: „Do ischt ebbas dra'!"

Guate Sau — ob's ahna tuascht,
Daß da morga sterba muascht?! —
Noi: se hot bloß elend 'gronzt
Ond ihr frische Streu verbr . . .!

Dr Metzger Schlaich sein' Schnurrbart dreht
Ond tuat da Gürtel schnalla.
Guck, wia 'r seine Bäckla bläht
Ond platzt schiergar aus älle Näht —
Der muaß de Mädla gfalla!
Stülpt d' Ärmel nuff — dia Muskla, dia,
Herrjeh, des send jo Bolla wia
Beim Lukas uffm Johrmarkt!

O Säule, mach dei' Teschtament! —
Scho' z' spät! Scho' isch es gstocha!
Kaum isch es no' drei Schrittle g'rennt —
Ond ob dr Schlaich sei' Handwerk kennt!
Der stoht ond lacht 'n Schocha!
No flutscht sei' Messer her ond he',
Des goht wia uff ra Nähmasche' —
Do liegat dia fenf Zentner!

Jetzt langt dr Schlaich en Sau-Leib nei':
'raus mit 'm Enna-Leaba!
'm Bauer ghörat d' Nierla fei'!
's Herz isch bei fetta Säu' recht klei',
's wird grad a Veschper geaba!
No hängt ma 's Säule en zwoi Toil
Am Scheurator uff mit ma Soil
Ond läßt es ghörig lufta!

D' Zeit jetzt nutza:
D' Därm' ausputza!
's Bluat verrühra!
D' Kessel schüra!
D' Leaber kocha!
Hackat d' Knocha!
Salzat ei'!
Nemmat fei'
Au a Lorbeerkränzle!
Schneidat Speck!
Aber gel:
Dont no schnell
d' Öhrle weg
Von dr Sau,
d' Haxa au,
's Rüaßele ond 's Schwänzle!

*

Dr ganze Tisch sitzt jetzt voll Leut:
A Freudafescht ischt währle heut,
Wo's Metzelsupp beim Bauer geit!

Z'erscht kommat Nudla en dr Brüah —
D' Fettauga schwemmat do wia 's nia
En Suppa hot von magre Küah!

Ond no wird uff da Tisch ’nabaut
A Schüssel voll mit Sauerkraut
Ond Kesselfloisch ond Schwartahaut!

Do gruabt ’s Maul et ’n Augablick!
O heidanei, isch des a Glück:
Dr Speck zeah Santimeter dick!

Ond Bluat- ond Leaberwürschtle, lua!
Ond Moscht ond Brot ond Senf au gnua
Ond z’letscht a Schnäpsle no drzua!

Jo: Metzelsupp isch ’s schönschte Fescht!
„I dank schö’. Mit Verlaub: da Rescht
Nemm i mit hoim. Mir platzt sonscht d’ Wescht!“

*

Älle send jetzt wieder ’ganga,
Bloß dr Bauer ond sei’ Weib
Bleibat no zom Zeitvertreib
Beima Möschtle gmüatlich sitza.
„So, jetzt wird’s da Wenter langa,
’s geit ’n ganza Zentner Schmalz!“
So sait d’ Bäu’re ond muaß schwitza.
Au dr Bauer nemmt sei alt’s
Sacktuch — arg ischt ’r ermattet —

Wischt se ab ond schmonzlat z'frieda:
„Mit de Säu isch arg verschieda,
Aber dia von heut hot battet!"
„Jo", sait 's Weib, „i schick au drom
Ebbas no ens Pfarrhaus nom:
Floisch ond Speck ond Moscht ond Brot —
Dene tuats au ällbott not,
Ond au d' Pfarrer hent mol Durscht
Ond a Freud an Leaberwurscht!"

So: jetzt han i Euch 's Mäule a bissele
Wässerig gmacht mit Schwänzle ond Rüssele!
Nemmat's et übel: i be' drbei gsessa
Ond han au glei für Euch mit 'gessa!
Lassat an mir Euer Wüatle et 'naus —
's Metzelsuppa-Kantätle ischt aus!

’s Glöckle

Wo mr noch ’m Veschper heut
Hot da Woiza g’schnitta —
Z’mol am hella Tag hot do
’s Kirchaglöckle g’litta.
Ond do woiß a jedes glei’
Als a guater Chrischt,
Daß em Flecka dren jetzt grad
Ebber g’storba ischt.

Ond se legat d’Gabla ’na,
Älle packt a Schauer;
Rôtat no, wer’s denn wohl sei:
Isch’s dr Auhof-Bauer?
’s Rickabäsle? ’s Wangers Kend?
Noi: ’m Josef läut’s —
„Geab ’m Gott halt d’ ewig Ruah!“
Ond se schlagat ’s Kreuz.

Weiter g’schafft wird. Brot ond Tod
Send verschied’ne Sacha.
Bloß dr Schreinerg’sell lauft hoim:
Muaß da Sarg jetzt macha. —
Emmer horch i no’ uff d’Glock,
Jo, ond z’mol denk i:
Oi Mol bemmlat se — ond nô
Moint se mi . . .

Lausbuaba

Wenn se dreizeh', vierzeh' send,
Fangat se mit a':
Daß se gern ens Kino went,
Mô mr erscht mit achtzeh' ka' —
Ha, mr sei doch koi' kloi's Kend;
Ond wenn d' Brischitt Bardo häb'
Bloß a Hemmad a', des bhäb,
Sei des au koi' Send!

Jôjô: so a Lausbua gôht
Seiner Muatter schwer uff d' Nerva:
Emmer muaß se mit m zerfa,
Mô-n-r gôht ond mô-n-r stôht;
Älles, moint 'r, dürf 'r derfa!

'r sei doch koi' Bua meh',
So bruttelt 'r fei',
Ond 'r wer' bald Rechtsaußa
Em Fuaßballverei' —
Ond z'allerletscht möcht'r
A Mädle sei'!

Jô, so mault 'r älleweil,
Ond 'r krächzt wia alte Raba,
Weil 'r grad da Stemmbruch hôt —
Schiergar d' Gurgel sott mr 'm schaba,
Ond sei' Maulwerk au drzua,

’s ischt a Elend mit dem Bua!
Heut a Gosch han, renommiera,
Morga scheu grad wia a Schneck —
Aber oinaweg ka’ mr spüra:
’s Kend-sei’ ischt no’ et ganz weg:
Guck: en seine Hosasäck
Trägt ’r Knallfrösch rom ond Glucker,
Regawürm ond Kandiszucker,
Schnür’ ond Schwartamaga-Brocka
Ond — hano! zwoi blonde Locka!

Luiga

Dr Äpfelbaum vom Nochber Stoll,
Der hangt en dem Johr brazzlat voll:
's send Luiga, rot ond weiß ond feischt —
Hosch 's Maul voll Saft, wenn d' en se beischt!
I mag se b'sonders — Sackerment,
Wenn i des Bäumle schüttla könnt!
I muaß es aber bleiba lau:
's stoht henter ama Stachelzau',
Ond mit 'm Stoll — wia sag' i des? —
Ben i weag' seiner Tochter bös!
Er gönnt mr et sei' Annemie —
Er hot zeah Morga meh' wia i!
Ha no — glaubt denn der Kaib vielleicht,
Daß d' Annemie ehm selber gleicht?
Noi: der isch's et om 'n Acker meh'
Ond om a Küahle z'to' — herrjeh:
Dia hangt en dem Johr au ganz doll
Mit lauter Küß' ond Liabe voll!
Ond stoht et henter Stacheldroht —
Den Weag woiß i, der zua 'ra goht!
Send's koine Luiga, rot ond weiß,
Send's andre Äpfel, dia i beiß!
Mir hangt mei' Bäumle oi'weag voll,
Ond i komm dra' — ätsch, Nochber Stoll!

Obads uffm Gassabänkle

Obads uff dr Gassabank
Sitzt mr no' a bißle zemma,
D' Weiber dent ihr Strickzeug nemma,
D' Manna machat Pfeifa-G'stank!

No vrhechlat dui ond sell
Donderschlächtig d' Leut' em Flecka
(Jedes hot jo Dreck am Stecka!) —
Dia et grad drbei send, gel?!

Brennt häb's gerscht beim Benedikt —
Do wird tuschalat ond kichert:
Ha, der sei jo guat vrsichert,
So a Fuierle komm' oft gschickt!

's Schuaschters Marie, heidenei',
Kriag a ledigs Kend, jo wäger;
Ond dr Schmiedgsell sei a Feger
Ond der werd' dr Vatter sei'!

D' Kellnere vom „Goldna Kreuz"
Häb' manchmol a arg frechs Göschle;
D' Schneidere häb' ihr Seidawäschle
Vom a Kerle en dr Schweiz!

Au em Pfarrhaus komm' a Kend —
Jo, dia machet emmer woidle!
D' Frau Notar häb' a nuis Kloidle
Ond dr Ausschnitt sei a Send!

D' Lehrere sei et viel nutz:
D' Kender tätat älle sudla;
Ond de beschte broite Nudla
Gäb's em Lädele vom Lutz! —

So wird baatscht halt Stond für Stond,
's Maul verrissa, Reda g'schwonga,
Bis se müad send — sogar d' Zonga
Send vom viela Schwätza wond!

Ab'r für d' Marie hent se schier
Älle g'strickt enzwischa Häubla,
Jäckla, Strampelhösla, Leibla —
's Kendle ka' jo nix drfür . . .!

A B'häber

Jô: des ischt halt richtig schwäbisch,
Wenn a Ma' a bissele b'häb isch!

I han môl 'n Kerle kennt:
Hot sich selber schier nix gönnt;
Zeahmôl dreht 'r rom da Nickel,
So hôt dean dr Geiz am Wickel;
Jeder Pfennig tuat 'm weh —
„Bhäb" isch gar koi Ausdruck meh!
Hôt 'n langa, wüaschta Bart,
Bloß daß 'r 's Rasiera spart!
Roschtige Nägel, Knöpf ond Schnürla,
Brillagschteller, Ofatürla,
Pfeifadeckel, Litza-Reschtla —
Älles hebt 'r uff em Käschtle;
Sammlat Packpapier, Kuwertla,
Alte Zeitonga ond Kärtla,
Daß 'r 's no' verkaufa ka'
Für a Mark 'm Lompama'!
Seine Briaf' — des woiß 's ganz Städtle —
Schreibt 'r uff Kalenderblättle,
Ond zwar tuat 'rs uff dr Poscht,
Weil 'n d'Tenta do nix koscht't!

Der weltläufige Großstadtschwabe
(In edelstem Stuttgarter
Honoratioren-Schwäbisch zu sprechen)

I bin aus Schtuggart und schwätz' net
Wie so ein Bauer aus'm Oberland —
Ha nei': in unsre große Städt'
Da ischt man eben weltgewandt!

I sprech' ein reines Deitsch beinah'
Und richtig schwäbeln fällt mir schwer —
Erscht neilich fragt mich jemand, ja,
Ob ich wohl aus Hannofer wär'!

Das hat mir wirklich Freide g'macht,
Weil i Berlin und Hamburg kenn';
I hab' mir 'denkt — Verzeihung: 'dacht,
I sei halt doch ein Dschentlemän!

Bloß wenn i mal getrunken hab',
Regt sich mein Häslacher Gewissa,
Dann werd' i wieder Mensch und Schwab' —
Hano: mit mir isch koiner bschissa!

Dr Ixwanger Fuierwehrausflug

En der letzschta Monetsversammlong von dr Ixwanger Fuierwehr hat dr Huber, dr Kommandant, gsait: „Jetzt hemmer scho' drei Johr lang koin'n Brand meh' em Flecka ghet — drom schlag i vor: mr machat amol mitanander 'n Ausflug!" Jô, dr Huber, de'scht a Kerle: a Moischter em logischa Weit- ond Seitasprong!
Ha, dô hôt nadierlich koiner ebbas drgega ghet. Dr Bürgermoischter, dr Ehrapräsident von dr Fuierwehr, hot gsait: „Also, en dem Fall läßt sich d' Gmoind au et lompa — für den Ausflug stifte ich fenfzig Mark aus meim Reptilienfonds!" Jô: dr Bürgermoischter inscht nemlich a Studierter, der ischt amôl zwoi Johr en d' Latei'schual ganga, der kriagt sotte Fremdwörter glatt raus ond zwischenei schwätzt er sogar hochdeutsch!
D'Fuierwehrer hent nadierlich et gnau gewißt, was des komisch Wort bedeutet, aber daß se Geld kriagat, hent se glei' begriffa. Nô hot mr also berôta, mô 's na'ganga soll uff dem Ausflug. Der oi sait: ha, en d'Schweiz, dô könn' mr so schö' Stompa schmuggla; a anderer moint: uff da Lichtastei, dô könn 'r sei' netts Bäsle en Honau bsuacha. Dr Lehrer Bäuerle hot a Fahrt zu de oberschwäbische Barockklöschter vorgschlaga, aber no hent se g'moint: Ha, Konscht sei et o'bedengt nötig, ond 's Ixwanger gotisch Kirchle von 1890 sei jô au et ohne!
Z'guaterletzscht send se nô doch einig worda: zu de bayrische Königsschlösser wöllat se fahra. Ob mr dô d'Sissi as da leabig seaha könn', frogt dr Knecht vom Wanna-

bauer, dr Schorsch, wisset r: dr Schorsch, der mô als Ixwanger Dorfdepp gilt. Ha, dô sag koiner ebbas gega de heutige Dorfdeppa — dia gangat schô amôl en dr Stadt ens Kino ond verpflanzen so die Kultur auf das flache Land!
Uff oimal steht dr Kommandant Huber no'môl auf ond sait: „Manna, jetzt hemmer no ebbas ganz Wichtigs vergessa: nemmat mr uff den Ausfluag onsere Weiber mit oder et?!" Dô hot a halbe Minut lang eine tödliche Stille geherrscht, wia a Bömble hot dia Frôg ei'schlaga! Nô hent se da Kopf gschüttelt, sich henter de Ohra kratzt, vor sich na bruttelt — ond sich a nui's Bier bstellt! 's hôt nô no' 'n arg langa Dischkurs geaba — mit Für ond Wider; etliche hent au gar et so reacht mit dr Sprôch 'rauswölla, weil des Themäle halt a hoißes Eisa gwea ischt. Bis schliaßlich dr Bürgermoischter gsait hot: „Meine Herrn", hot 'r gsait, „ich glaube, es hat sich als allgemeine Ansicht herauskrischtallisiert, daß wir zwar lieber onter ons Manna wären, daß sich aber diesem Plan onüberwendliche Schwierigkeiten in den Weg legen, denn onsere — hm, onsere weiblichen Familienmitglieder werden es sich nicht nehmen lassen — also, dia wöllet nadierlich au mit, ond wia sollat mr se abwemmla?!"
Dô hent se älle g'nickt, ond bschlossa: jô, also d'Weibsbilder tät mr au mitnemma, des ghör' sich so ond 's gang halt et andersch, aber se sollat em A'hänger-Autobus fahra, auf dia Weis seiat d' Manna wenigschtens uff dr

Fahrt a paar Stonda lang alloi. Ponktom, bschlossa, Siegel druff! —

So hôt mrs nô au gmacht. Em vordere Wage send d'Manna gsessa, em A'hänger d'Fraua — 's sei wega dr bessere Luft, hot mr ehne gsait, weil d' Manna so viel qualma tätat! Bei dene ischt glei von Afang 'a a Pfondsstemmong gwea; a paar Leut hent nämlich Moschtkrüag ond Schnapsfläschla mitbrocht — „Mir send d'Fuierwehr, mir müassat da Brand löscha!" ischt d'Loseng gwea!

En Kempta hot mr a Veschperpaus ei'glegt, em a netta Wirtschäftle. A paar jengere Kerle hent nô gmoint, bei dr Weiterfahrt könnt mr jetzt eigentlich d' Gschlechter ruhig a bißle mischa, aber de ältere hent so 'n Verrôt et duldat — uffm Hoimweg en dr Nacht könn' mr jô nô vielleicht mit sich reda lassa! Mr fahr jetzt so weiter wia mr herkomma sei — Richtong Füssa.

A guats Stück scho' henter Kempta hot sich uff oimal oiner em Waga zuafällig omdreht ond schreit: „Om Hemmelswilla, onser A'hänger fehlt jô!"

Leut, o Leut, ischt des a Uffregong gwea, des könnat 'r uich vorstella! Mr hot nadierlich glei' a'ghalta ond älles hot durchanander gschwätzt: Ha, wia sei denn so ebbas möglich? ond dr Schofför hätt' des doch merka müassa! Des sei jô a schöne Blamasch! Jetzt müaß mr schnell wieder zruckfahra ond dia Fraua en Kempta hola! Ha noi — jetzt sei's scho amôl so, mr könn'se jô nô uffm Hoimweg nachts wieder drzualada!

Jôjô: wia ischt des bloß möglich gwea? Was moinat 'r, was sich 'rausgstellt hot? Dr Schorsch, dr Dorfdepp, hot ei'gstanda, er häb en Kempta hehlenga d'Kuppelong von de zwei Wäge ausanandergmacht, ha bloß so zur Gaude — ond weil 'r nô bei dr Abfahrt em Waga dren ganz laut uff seiner Ziehharmonika gespielt hot (des ka' heut a richtiger Depp au!), hôt neamad druff obacht geba, was henter ehne los gwea ischt, ond g'hört hent se drom au nix — dia Weiber werdat jo schö' gschria ond döberat han, daß mr se so mirnixdirnix oifach „abghängt" hot!
Wia 's nô ausganga ischt? Ha nadierlich send se omkehrt, dia Manna, om ihre Fraua en Kempta z'hola, aber halbwegs send ehne dia scho' em a andere Autobus, den se gschwend organisiert hent, wia a hoiligs-siadigs Donnerwetter entgegagfahra komma! Des hôt a Gschnatter geaba ond a Schempferei — bis sich nô älles hot aufklärt ghet! Aber nô hôt de ganz Gsellschaft, d'Manna ond d'Weibsbilder, zemmalacha müassa über den Stroich vom domme Schorsch. Der ischt ganz o'schuldig drbeistanda ond hot uff seiner Ziahvomleder gspielt: „Ich weiß nicht, was soll es bedeuten!"
Aber dr Schorsch, der Dorfdepp, hot ganz guat gwißt, was es bedeutet! Ond hot au glacht, ganz für sich. Denn dr Wannabauer, sei Bauer, hot 'm a Mark Trenkgeld gschenkt, weil 'r dem sein Auftrag so guat ausgführt hot!

's Menabäsle

Des ischt scho'lang her, daß's Menabäsle uff dr Roßhalde gwea ischt — so hot dr Hof vo' meim Onkel Sebaschtian g'heißa. Jetzt liegt se au scho'lang onter dr groẞa Bluatbuach, wo ihre Äscht ond Zweig' schiergar über da ganza Kirchhof streckt. A Original isch 's gwea, 's Menabäsle, ond verdeent scho', daß ma ebbes von ere verzählt.

Als Bua ben e oft en dr Vakanz beim Onkel Baschte en dr Roßhalde gwea ond drom han e 's Menabäsle au guat 'kennt. Se hot oi'fach drzua g'hört — hano: wemma au so ronde dreißig Jährle uff oim Fleck sitzt! A Bäsle vom Bauer isch se gwea, so a 'romgschubbst Woisakend, wo ma' später om Gottsloh' uff da Hof g'nomma hot, weil se scho' zammagschafft gwea ischt mit ihre fuffzg Johr — dr Onkel Baschte ischt emmer a guater Kerle gwea. Ond en dr Roßhalde hot ma se scho' no' braucha könna — oi' Johr oms andr ischt do a Ablegerle vom Onkel en dr Wiaga glega, bis nemme viel zom Dutzed gfehlt hot; 's hot bloß emmer grad so gwusalat uffm Hof, i han's nia gnau 'zählt, wenne uff Bsuach gwea ben. Do ischt d'Bäuere froh gwea, wenn ebber noch dera kloina War' guckt hot. 's Menabäsle hot jo nemme so ens Gschirr könna, se hot halt gschafft, was 'r em Haus en d'Fenger komma ischt: gspüalt hot se, d'kloine Kender a'zoga ond de groẞe d'Sprüch abghört, d'Wendla gwäscha ond 'm Karo 's Essa en d'Hondshütte brocht, au Kartoffel bei dr Ernt uffglesa ond beim Moschta gholfa, ond ihr Hauptgschäft ischt gwea, d'Kenderkloider flicka ond verwifla — noi,

d'Arbet ischt ere nia ausganga, do wär' se au o'glücklich gwea.
Halt, jetzt han i ganz vergessa z'verzähla, daß se au a kloine Rente ghet hot — 's hot neamed so reacht gwißt, woher ond wiaso: an jedem Erschta vom Monat ischt halt dr Poschtbot' komma ond hot 'r d' blanke Märkle 'nazählt, jawohl, ond no send d'Kender drom romgstanda ond hent ere da Federhalter ei'tonkt, ond no hot se onterschrieba: Wilhelmine Eisenwanger, ond wia gstocha send d' Buachstaba gwea ond feierlich zuaganga isch's wia bei dr Konfirmatio' oder beira Leich! D'Hälfte vom Geld hot dr Bauer kriagt füar Onterkonft ond Essa, des hot se et anderscht to', ond vom Rescht ischt dr größere Toil uff d' Sparkass' gwandert, bloß a paar Märkle hot se für sich b'halta. Was beim Menabäsle halt so „für sich" ghoißa hot! Nämlich, 's hot grad drfür g'langt, de Mädle uff Weihnachta a Dock z'kaufa oder ema Bua a Messer mit ema riesiga Korkazieaher dra. Mir hot se au amol a Griffelschachtel g'schenkt. Ond wenn se amol ihren milda Tag ghet hot, no isch se zom Lutz ganga, wissat 'r: zom Lutz, der mo en seim Kramlädle älles ghet hot: Kuahschella ond Wagaschmiere, broite Nudla ond Gummilitzle ond Zibeba ond Schlüpfer ond Schuahabstreifer ond Gsangbüacher ond was ma halt so braucht uffm Land — also no hot se am hella Tag ihr Kapotthüatle uffgsetzt ond ischt zom Lutz ganga ond hot Bombole kauft für d' Kender ond — wer hätt' er des

zuatraut? — a Flasch Wei', so 'n süaße, so a Malagäle, 'n billiga om achtzg Pfennig d' Flasch, ond no ischt halt a Feschttag gwea en dr Roßhalde! Jedem Kend hot se a Schlückle ei'gschenkt ond viel meh' ischt uffs Menabäsle au et komma, aber 's hot g'langt, daß se glitzrige Äugle kriagt hot...

Jojo: d' Kender! Sie hot jo älle uffzoga ond als ihre oigene verschlissa. Sie hot gwißt, was se z'to' ond z'lassa hent, ond a stramms Regiment hot se g'füahrt, jo wäger! Da ganza Tag ischt des ganga: Sitz a'ständig na, Mattheiß! Bertha, du gibscht amol a schöne Schlamp na'! Emma, putz dr au d' Nas! Wilhelm, hoscht wieder Händ' wia a Kame'feger! Martha, hoscht d' Aufgaba no' et g'macht? Theresle, jetzt kriagscht aber oi's druff! So, en Kirchachor wöllet 'r, natierlich zom Bussiera! Der Rock tuats guat no' a Johr, hoffärtigs Volk, hoffärtigs! Mit dir ischt oiner au amol a'gschmiert, Luisle! Marsch jetzt ens Bett, morga früah will wieder koi's 'raus! Mei' Bettfläsch hent 'r natierlich au wieder vergessa!

Jo, so isch des ganga tagaus, tagei', ond d' Kender send manchmol bös gwea mit 'r, wenn se emmer so 'romzerft hot. Bis se amol zuafällig druffkomma send, daß 's Menabäsle au hot anderscht könna — wenn se nämlich bei andere Leut von „ihre" Kender g'schwätzt hot. Do hots koine schönere, liabere, bessere, artigere Kender geaba wia d' Hudeleswar' vom Vetter Baschte! Ond wenn 's gar ebber riskiert hot, dene Kender ebbes a'z'hänga —

do hettet er d' Menabäs' höra solle! Ganz giftig ischt se do worda! Au, do hot se könna döbera wia a alter Wirtshausbruader! „A Send' ond a Schand isch's, daß sotte liabe Kender en so ma Saunescht uffwachsa müassat!“ hot se saga könna. „Ihr könntat Uich ebbes ei'bilda, wenn 'r so guate Kender hettat! Om Eure Lauskrotta wär's et schad, wenn se dr Kuckuck holla tät, dia taugat en Grondserdsboda nei' nix!“ —

Jo, so also isch 's Menabäsle gwea ond ischt neunasiebazge drbei worda, ond d' Bertha hot gheirotet ond d' Emma hot d' Nas vo' selber putzt! Emmer hutzliger isch se worda ond emmer sparsamer — für sich, ond emmer splendider für d' Kender. Do hot se manchmaol oim a Märkle zuagsteckt ond vom Malaga hot se selber gar nix meh' tronka — se vertrag's nemme, hot se gsait. Aber se hätt's guat vertraga, se hot bloß älles de Kender vergonna wölla. Sogar 's Schempfa hot se en ihre alte Täg verlernt — ond no hot ma'en dr Roßhalde freilich gwißt, daß se's nemme lang tuat.

Ama Morga ischt se et 'ronterkomma von ihrem schiafa Bodakämmerle, ond wo ma' noch ere guckt hot, do isch se scho' tot gwea. A Kendersärgle hot g'reicht für se, ond wo ma' se hot 'nonterglassa, do hot älles Rotz ond Wasser g'heult, daß se grad a Freud ghett hätt', wenn se hätt' zuagucka könna. — Ond des muaß i z'guaterletscht au no' saga: zwoiahalbtausad Mark hot se zsammag'spart ghet — für ihre Kender!

’s Muattergottesbild

Am Weagkreuz, wo’s zom nächschta Dörfle goht,
Stoht a Kapell’, a alte, ganz a kloine.
A Nußbaum wölbt se drüber — ond wer bettat,
Der kriagt da küahla Schatta au no’ drei . . .

Dren en dr Grott’, do isch em Dämmer henta
A Muattergottes aufgstellt, so a gschnitzte,
Ischt au ganz brau’ vor Alter scho’ — se sagat,
Dr Grof vom Schloß, der häb’ se domols g’stiftat,
Wo d’ Leut no’ om da reachta Glauba ’kämpft hent.
Jawohl: so alt ischt dia Madonna scho’.
I aber moi’ — i be’ oft vor ’r gstanda
En dr Kapell’ (et bloß, om Schatta z’schenda!) —
Jo also, i moi’ halt, se sei no’ jong,
Dia Muattergottes: wia se oin so a’guckt,
Ond om da Mond, do bibbarats so schelmisch,
Wia wenn se glei a bißle lacha wött!
Warom au soll se’s et? se ischt a Frau jo,
Et so a’ ernschter Heiliger, wo oi’m
Ens G’wissa redt scho’ mit sei’m würdiga G’sicht!
I sag’s gradraus: dia Muattergottes do
Des ischt a schö’s, liab’s, fröhlichs Menschakend —
Ma’ sieht’s am ganza G’schau ond wia se dostoht.
Ond der se gschnitzt hot, der hot gwiß et grad
A alte Jongfer ausm Dorf sich herg’holt
(Noi, so ’ra hätt’ er jo au et grad guat
A Kendle könna en da Arm ’neilega!)

I stell mr vor: er häb' 's nettscht Mädle ausgsuacht
Em Dorf, oder a Bäuere vielleicht,
A jonge, schöne, grad em erschta Bluscht,
Ond häb' no g'schnitzelt aus sei'm Lendaholz,
Bis dia Madonna schliaßlich 'rausg'schlupft ischt!
So, moin i, sei des gwea — ond i gstand's ei':
A bißle ben i fascht verliabt ens Holzbild!

Gescht ben e wiedr amol zom Kreuzweag 'ganga,
Zom Käppele, ond han se wieder amol
A'gucka wölla, mei' Figur em Dämmer.
Ond wia i do zom Nußbaum komm' ond will no'
A bißle gruaba — knieat do vor 'm Gitter
'm Haselbauer sei' Brigittle grad.
Se sieht me et, so ganz versonka ischt se
Ens Betta — ond i schäm' me fascht, daß i
So dostand ond 'r zuaguck, ond se merkt's et.
Dr Baum wirft seine donkle Schatta uff se,
I ka's et wehra, daß mei' Herz mr boppert.

Uff oi'mol überkommt's me do: 's Brigittle
Sieht ganz dr Muattergottes gleich do drenne!
Ond wemma zruckgoht a paar hondert Johr,
No wird ihr Ahna au so ausg'seah han:
A guate Rass' send se beim Haselbauer.

Jetzt woiß i au, warom mr dia Figur
D' ganz Zeit her scho' so elend gfalla hot!
's Brigittle nämlich — noi, des sag' i et!
Dont liaber für mi betta, daß ihr Ebabild
Em Käppele ihr's Herz erleuchta tuat,
Damit se 's merkt, wia mir's oms meine ischt!

Schwäbische Leibspeisa

A reachter Schwôb ka' Schwartamaga
En jeder Lebenslag' vertraga;
Ond ischt 'r grad em Veschper-Häs,
Nô schätzt 'r a Tromm Leaberkäs!

Zom Sauerkraut, do mag 'r Spätzla;
Zom Viertele geit's Laugabrezla;
Bei Äpfelküchla (zuckerb'streut!)
A Schwobaherz sich emmer freut!

Maultascha dent 'm Schwôba schmecka,
Dô tuat 'r äll zeah Fenger lecka;
Ond Weckaklöß' dia mag 'r au
(A Woch drfür spart 's Weißbrot d'Frau!)
Bei'r Kirbe tuat mr gern versuacha

Zom neua Wei' da Zwiebelkuacha;
Der macht da Maga ällweil glei'
Ganz musikalisch — einszweidrei . . .!

Schwäbische Sprüchla

Ob se guat, ob bös send, d'Menscha,
De'scht a schwers Problemle, des —
Gelt: oi Leut ischt von Natur aus guat,
Aber zwoi send oft scho' bös!

Ma', druck d'Wuat et en de nei',
's Schempfa ischt viel gsonder —
Ond dr Spruch vom alta Götz
Wirkt oft direkt Wonder!

D' reifschte Äpfel fallet et
Glei' ra', wenn a Sturm ischt;
Noi: z'erscht schüttlats von de Äscht',
Dia, mo dren a Wurm ischt!

D' wohr' Natur vom Menscha zoigt
En zwoi Fäll' sich offa:
Nämlich, wenn'r hongera muaß
Oder wenn'r bsoffa!

Ischt a Ma' z'keck zu ara Frau
Oder z'arg moralisch,
Boid's verzeiht se — aber nia,
Wenn se ehm egal isch!

Wenn d' ens oigne Herz neiguckscht,
Ka' de etlichs störa,
Daß de mit dir selber möchtscht
Bloß „per Sie" verkehra!

Wemmer Kerza brenna tuat,
Geit's a args Geknischter;
Mancher ischt koi Kirchaliacht
Ond wird doch Minischter!

D' Schwoba dent halt ällbott gern
Frozzla, krittla, stichla —
Ha, wo blieb au d'Schadafreud
Ohne sotte Sprüchla?!

No'mol sotte schwäbische Sprüchle

Kennat 'r den Spruch, den schlaua?
Et? Nô merkat rn euch no':
Bloß et hudla, no' et saua —
's Gschäft, des lauft dr et drvo'!

Schempfat über d'Obschternt' et glei'
Geit's a schlechts Jôhr môl, a knapp's —
Gel: au d'faulige Birna geabat
Ällweil no' 'n guata Schnaps!

Etlich Schwoba hot dr Herrgott
Wia a Fehlfarb-Zigarr' dreht:
's Deckblatt ischt oft recht bescheida,
Aber dronter: Qualitet!

Andre Leut, dia gleichat eher
Poschtbriafkäschta, ganz nôch Brauch,
Weil se nämlich bloß bestandat
Aus ara Klapp', ond ausm Bauch!

Au wenn d'Eltern no' so scheit send
Ond koi' Tugend gôht ehne ab —
D'Kender erbat en dem Ponkt oft
Bloß da Pflichttoil — ond den knapp!

Schwäbische Sprüche

„Mr ka' nia wissa!"

Wir Schwaben sind vorsichtige, wir sind mißtrauische Leut': wir nehmen den Regenschirm mit, auch wenn die Sonne noch so schön scheint — mr ka' nia wissa! Darum schätzen wir übrigens auch den Allwettermantel eines handfesten Glaubens — zwischen Neckarsulm und Friedrichshafen, zwischen Freudenstadt und Bopfingen weiß man nämlich vielleicht besser als sonstwo in deutschen Landen, daß das Leben eine recht zwielichtige, zwiegesichtige, zwiespältige Sache ist: eben ein „Bruch", der schwer auf einen Nenner zu bringen ist . . . Diese Weltschau spiegelt sich besonders deutlich in dem Sprüchlein: „Mr ka' nia wissa!" Eben weil wir überall das Sowohl-als-auch im Dasein spüren, sind wir für Enthusiasmus und bodenlose Schwärmerei nicht sehr empfänglich, und großschnauziges Pathos ist uns verdächtig.

Jawohl: jeder Schwabe, und sei er Philosophieprofessor oder gar Steuerinspektor, hat sich ein festes Trumm Bauernschlauheit erhalten; mißtrauisch ist er gegen Zeit und Ewigkeit! In seinem Leib- und Magensprüchlein „Mr ka' nia wissa" liegt sein bedächtiges Abwägen, liegt das Bekenntnis, das Anerkenntnis der Vergänglichkeit alles Irdischen — heute rot, morgen tot, gelt? Die vier Wörtchen enthalten die ganze schwäbische Existenzialphilosophie (der Heidegger ist übrigens auch beinahe ein Schwabe — hano: aus Meßkirch!) Nicht zufällig singen wir, wenn wir in recht aufgeräumter Stimmung sind, mit Vorliebe wehmütige Volkslieder: wir beschwören damit hehlingen das Schicksal, das Glück — wir trauen ihm nicht so recht, auch und grad wenn's uns freundlich anlacht — mr ka' nia wissa ...

Aber das Sprüchlein hat selber auch seine andere Seite: es ist nicht nur eine vorsichtig-knitze Abschirmung gegen die bösen Wechselfälle des Lebens — es kann und will zugleich besagen, daß wir auch vor freundlichen Überraschungen nie sicher sind, und so bedeutet's einen handfesten Trost, wenn's stürmt und hagelt — mr ka' nia wissa, ob net glei' drauf wieder d' Sonna scheint! Wenn wir ein bißchen großartig daherreden wollten, so könnte man unsere vierwörtige Weisheit (nicht mit der des Götz zu verwechseln, die auch sehr schwäbisch ist!) geradezu als Ausdruck des schwäbischen „amor fati“ ansehen. Das heißt zu deutsch: ich liebe mein Schicksal, grad meines, ich sage Ja zu ihm, ich ergebe mich ihm, ich nehm's wie sichs fügt. Es kommt im Grunde genau auf das heraus, was unser Landsmann Mörike in einem seiner schönsten Gedichte das „holde Bescheiden“ genannt hat ...

„Magscht saga, wa de witt!"

Vielleicht könnte oder sollte man die Angehörigen der deutschen Stämme einmal nach ihren Gesten klassifizieren! So ist das gemeint: ob man nicht etwa feststellen könnte, welche Körperbewegungen dem Bayer, dem Rheinländer, dem Niedersachsen, dem Schwaben vorzüglich eignen. Da möchte man wohl z. B. dem Kölner eine sehr temperamentvolle Gestik mit dem ganzen Leibe nachweisen, dem Münchener lebhafte Bewegungen mit der rechten, nämlich den Maßkrug haltenden Hand, und so weiter. Der Schwabe aber wäre wohl am vielen Kopf- und Schulterwiegen kenntlich! Man stelle sich etwa folgende Situation vor: der Anton schafft eines Abends in seinem Gärtle, indes der Nachbar Fritz gemütlich über den Zaun lehnt, und weil der Anton grad einen grätigen Tag hat, muß er sein Kröpfle leeren und er bruttelt los: „'s ganz Leba ischt doch oi Lompakruuscht!" Wetten, daß der Nachbar Fritz dann mit den Achseln zucken, den Kopf schütteln und sagen wird: „Jetzt schwätz doch et so dackelhaft 'rauß! Magsch saga, wa de witt — 's gibt au ganz schöne Sacha uff dr Welt!"
Dieses schwäbische Sprüchlein aber — „Magsch saga wa de witt!" — ist genau jene ins Wort, in die Sprache übersetzte Geste, von der wir ausgingen: so wie man als Schwabe gern Kopf und Schultern wiegt, so wiegt man eine Sache, ein Problem, gar bedächtig ab, ehe man sich entscheidet. „Magsch saga wa de witt" — das kann also heißen: magst schon in etwa recht haben, mein Lieber,

aber bedenk doch auch mal die andere Seite, dann sieht sich vielleicht alles ein bißle anders an! Die knitze Formel drückt also mal wieder die berühmte „Sowohl-als-auch“-Weltschau des Schwaben aus. Aber auch der schwäbische Trotz, unsere stammeseigentümliche Halsstarrigkeit kann damit symbolisiert sein: „Magsch saga wa de witt — aber i bleib bei meiner Meinong!“

„Grad zom Possa!“

Wir Schwaben sind schon merkwürdige Leut', gelt? Sagt unser Kopf „hischt“, so das Herz „hott!“, und umgekehrt. Nicht immer natürlich, aber doch oft. Wir sind wohl auch manchmal selber ein bißchen unglücklich darüber, daß wir so sein müssen. Ich hab' einmal mit einem Tübinger Philosophieprofessor darüber gesprochen: der meinte, das sei eben „eine bedauerliche stammesbedingte Diskrepanz zwischen Intellekt und Psyche“! Ja, ja: man kann unsere gelegentliche Dackelhaftigkeit auch so vornehm umschreiben — er war aus dem großen Oberamt, der Professor, und ein höflicher Herr. Und recht hat er ja durchaus gehabt, der Mann: aber es gehört auch zu unserer schwäbischen Artung, daß wir uns so etwas ungern von einem Reingeschmeckten sagen lassen — und deshalb bin ich auch prompt eingeschnappt und habe ihm heftig widersprochen, bloß so aus Streitlust — halt grad zom Possa!

Hoppla — „grad zom Possa!“: ich meine fast, mit eben dieser sehr schwäbischen Redensart sei, mehr oder minder hehlingen, ein wesentlicher Zug unseres Stammescharakters auf eine kurze Formel gebracht. Unsere ganze Dickköpfigkeit ist in ihr eingekapselt, unsere Lust, ja Wollust an Widerspruch und Widertat — und wohl auch ein bißchen von unserem knitzen Humor, der die Selbstironie mit einbezieht. Wir Schwaben sind ja die geborenen Einzelgänger und Einzeltuer und Einzelleider — und gerade darum tun und erleiden wir oft (grad zom

Possa!) etwas, was „man“ eigentlich in der gegebenen Lage nicht machen oder hinnehmen sollte; oder auch: wir tun das nicht, was die anderen von uns erwarten — aus purer Widerholzigkeit und auch grad zom Possa!

Es liegt in der Vorliebe für diese Floskel — um nun noch etwas in metaphysische, metaschwäbische Tiefen zu loten — vielleicht auch unsere Einstellung zum Schicksal beschlossen. Wenn es uns einmal hart anfaßt, so sind wir zwar darüber (auch das ist sehr schwäbisch) sozusagen beleidigt — doch im Grunde tun wir nur ein bißle so vor uns selber, und kaum ist das erste Zörnle verraucht, fangen wir auch gleich wieder an, dem Schicksal zu trotzen, und sagen: „Jetzt erst recht nicht klein beigeben!“ Und so drückt sich in dem „Grad zom Possa!“ auch unsere Zähigkeit, Hartnäckigkeit (wohl auch oft Halsstarrigkeit!) aus; für diese Eigenschaften werden wir ja in aller Welt gerühmt, beneidet, beschimpft!

Ich habe einen Onkel gehabt, dem ist Jahr um Jahr ein Mädle in der Wiege gelegen, ich hab's nie genau gezählt, aber es ist schließlich wahrhaftig ein volles Dutzend gewesen. Zwölf Schicksalsschläge! Ein Nichtschwabe hätte vielleicht schon bei einer niedrigeren Nummer resigniert, aber nein — der Onkel Gustav sagte sich „No et luck lau!“, und siehe da: das dreizehnte Kind war der ersehnte Stammhalter. Grad zom Possa hat er Stirn an Stirn mit dem Weltgeist gerungen, bis er ihm den Buben abtrotzte ...

Es ist nun freilich nicht an dem, daß diese Veranlagung

immer zu unseren Gunsten ausschlüge. Man kann sich mit ihr sogar sein Glück verscherzen. „Grad zom Possa!" — das heißt bisweilen auch: sich in seinen schwäbischen Eigensinn verbeißen, heißt: verbocken und verhocken und verstocken — und dann dafür büßen! „Grad zom Possa!" hat der Michel gesagt und nicht nachgegeben, bis ihn die Helene geheiratet hat, die ihn eigentlich gar nicht leiden mochte — und ihm dies dann auch ein unschönes Leben lang bewiesen hat; aber seinen Willen hatte er, der Michel ...

Noch eines: es ist gar nicht so leicht zu übersetzen, dieses „Grad zom Possa!" — wir meinen ins Hoch-, ins Feindeutsche. „Nun gerade!" oder je nachdem, „Jetzt erst recht nicht!" mag's wohl einigermaßen treffen, doch es schwingt in der schwäbischen Formel noch ein Gran unpreußischer Schalkhaftigkeit mit ...

Oder ist das vielleicht schon ein bißchen schwäbische Koketterie, selbstgefällige Tändelei mit unseren Vorzügen und Schwächen, die man uns mitunter nachsagt? Nun, sei's drum — grad zom Possa!

Liab sei' muaß a Mädle!

's Sauerkraut, wenn 's dreimol wärmscht,
Schmeckt's erscht (mit ama Speckle!);
's Küssa au': wenn 's öfters treibscht,
Kriagt's erscht 's rechte Gschmäckle!

D'Frau em Wochabett ischt stolz,
Ka' se au kaum krebsla;
Wenn a Ma'sbild Bauchweh hot,
Schreit 'r nach ama Schnäpsle!

Gscheite Jongfra hausat brav,
Sparat jeden Zehner;
Scho' a Blick en Spiegel nei'
Macht a Mädle schöner!

Nemmt a alter Ma' a Weib,
Des dreißig Jährle jenger,
Ha, no sag i nix wia: reacht
Gschieht's dem alta Denger!

Floischbrüah so alloi ischt fad —
Reis nei' oder Flädle!
Trau et bloß dr schö' Visasch' —
Liab sei' muaß a Mädle!

Schwäbische Hausregla

Wenn de 's Schlüsselloch et fendscht,
Bischt entweder bsoffa,
Oder aber hoscht et gmerkt,
Daß dei Haustür offa!

Von de schönschte Äpfelbäum
Erntescht koine Birna;
Au am beschta Zwetschgaschnaps
Ka'scht de bös verkirna!

Wenn de Schwäbisch lerna möchscht,
Gôhscht halt zua de Gôga!
Wenn d' a Mädle küssa witt,
Derfscht se et erscht frôga!

Äller Kruuscht leit em Kommod,
Nix meh' ka' mr fenda;
Aber d' Weiber kramat aus
Deine ältschte Senda!

Gel: du ißscht koin Reagawurm,
Aber gern dent's d' Henna;
Denk dra': wenn d' a Rühroi ißscht,
Steckt er au mit drenna . . .!

Schwäbische Redensarten

Viel Händ' send überall guat, bloß net en dr Schüssel!

Alte Liebe roschtet net — aber schimmlig ka se werda!

's schteckt ihm em Bluat, wär's en de Kloid'r, könnt mr's ausbürschta!

Ond'r ällem isch Betrug, bloß ond'r dr Milch isch Wasser!

Oiner ka net älles wissa, drom send's em Rothaus droba au zwölf!

Wer g'lobt werda will, muaß schterba, ond wer g'scholta werda will, muaß heirata!

Em Donkla isch guat monkla, abr net guat Flöh fanga!

D' Welt ischt klei' . . .

D' Welt ischt klei' — ond Schwoba fendscht
Bis en ihre letzschte Wenkel;
Wohnt dr Ehne no' en Ulm —
En Chicago sitzt dr Enkel!

D' Welt ischt klei' — ond schwäbisch G'werk
Triffscht en Rio ond Messina;
Was dr Bosch en Stuagert schafft,
Kaufet se sogar en China!

D' Wäga vom Mercedes-Benz
Dent d' Japaner au gern steura,
Ond 's Cannstatter Volksfescht, jo,
Dent se en Neu-York au feira!

Schwarzwald-Uhra, Trikott-War'
Von dr Alb hot übrall Konda,
Ond da Spruch vom alta Götz
Kennt mr au en Kapstadt onta!

Spätzla mag mr au am Nil
Ond am Ganges Lauga-Weckla;
Wenn 'd a Gschpusi hoscht en Rom,
Trägt 's vielleicht a Bleyle-Röckle!

D' Welt ischt klei' — mit Schwäbisch ka'scht
Jede fremde Sproch' ersetza —
Bloß en manchem Amt drhoim,
Landsma', do muascht hochdeutsch schwätza!

Gluckerspiela

D' Buaba hotterat en dr Kandel:
Guck no, wia dia G'sellschaft spielt —
's ischt dr alte Buabahandel:
Mit de Glücker wird do zielt!

Rote, blaue, greene Kugla:
Treffa muascht, no machscht dein' Schnitt;
Läscht dein' Glucker neabenom rugla,
Bischt 'n quitt!

Hot ma' gar 'n Extra-Glucker:
So aus Glas ond farbig-schö' —
Gibt ma' dem 'n reachta Schucker
Uffm Pflaschter, isch er he'! —

Ond no denkscht: 's ischt wia em Leaba:
Manchmol triffscht ond no isch's guat,
Aber öfters schiascht derneaba
Ond no kriagscht oi's uff da Huat!

's große Glück ond d' scheene Glücker
Send aus Glas ond bald verto' —
Leichter hot's dr Pfannaflicker
Wia dr König Salomo!

Holderbusch

Wo mr — o wia lang isch her! —
Kloine Kender gwea send, hemmer
Em a Kirchhofwenkel emmer
Rengelreiha g'macht.

Alte Holderbäum' hent schwer
Auf verwachs'ne Gräber g'nachtat;
Mir hent des et weiter g'achtet,
Hent do g'spielt ond g'lacht.

Aus'zählt hot ma' z'erschta, wer
En da Kreis muaß nei', ond g'spronga
Semmer rondom ond hent g'songa
's Versle — geabat acht:
„Sprengat ontern Holderbusch,
Schreiet älle: huschhuschhusch!"

I glaub' fascht, dia Tote hent
G'schmonzelt en de Gräber donda,
Daß es so 'n guata, g'sonda
Nochwuchs oba geit:

„Wia dia Kender luschtig send!
Grad so hent vor hondert Jährle
Mir do oba g'spielt — jo währle:
Geschtern ischt wia heut.

D' Zeita laufat rond ond gschwend,
Oi's ischt 's Traurigsei' ond 's Freua,
Älles ischt a Rengelreiha —
Mir send scho' so weit:
„Sprengat ontern Holderbusch,
Schreiat älle: huschhuschhusch!"

Wia ne heut zom Kirchhof gang',
Han e Kender spiela seaha:
Hopfa, sprenga, Reiga dreaha,
's ganze Völkle sengt;

Ond dr Holder tuat vom Hang
Über'n froha Rengelreiha
Seine helle Blüata streua —
's alte Liadle klengt!

Schiergar wird mrs angscht ond bang:
Was ischt geschtern, heut ond morga? —
Laß mr halt da Herrgott sorga,
Bis er mr mol wenkt:
„Sprengat ontern Holderbusch,
Schreiat älle: huschhuschhusch!"

D' Ahna

Uff'm Gassabänkle sitzt
D' Ahna ond tuat fleißig stricka,
Daß se au no' ebbes nützt —
D' Schürz verwifla, d' Hosa flicka.

D' Fenger send 'r elend kromm,
Z'ammaghutzlat ischt dr Rucka;
Hot halt uff de Aecker rom
Sich 's ganz Leaba müassa bucka.

D' Enkele spielat om se her.
Guck: en d' Alte-Weiber-Ronzla,
Grad als ob se zwanzge wär',
Schlupft do z'mol a zärtlichs Schmonzla:

Hot se selber et als Kend
Grad no' g'spielt do mit de Docka?
Sieht se et — goht d' Zeit so gschwend? —
Uff dr Bank ihr Ahna hocka?

Älles ischt grad gwea wia heut:
's Bronnaplätschra, 's Kenderstreita,
D' Küah em Stall — bei Bauraleut'
Bleibt's halt gleich en älle Zeita!

Ond ihr Enkeltöchterle au,
Des jetzt 'romsprengt mit de Buaba,
Wird amol als alte Frau
Uff dem Gassabänkle gruaba

Ond wird senna: grad isch gwea,
Daß d' Großmuattr do isch g'sessa. —
So denkt d' Ahna; fascht wär's g'scheah,
Daß se hätt' a Masch' vergessa . . .

D' alt' Bluatbuach'

A alte Bluatbuach' stoht em Kirchhof dren:
'm Ehne hot's sei' Ahna scho' verzählt,
Se sei als Mädle onter ihr oft g'sessa;
De ältschte Gräber lieget om se 'rom.
Em Frühjohr, do kennscht moina grad, 's sei Herbscht,
So roschtig brau' spritzat dia Blättle 'raus,
No aber färbat se sich bluatig rot.
Des ischt a G'leucht wia von dr Sonn' am Morga,
A G'wölb fascht übern halba Kirchhof he',
Ond Wurzla muaß dia han — durch älle Särg' do dronter.

Heut ben i wiedr amol zom Kirchhof ganga,
Weil i so gern do uffm Bänkle sitz'.
Do ischt dr Totagräber grad drbei,
Dia alte Gräber om da Baum 'rom z'ebna:
Ma' brauch' halt Platz, dr Kirchhof sei viel z' eng,
So sait dr Hannes, stopft sei' Pfeif' ond schafft,
Ond schubbst mit seiner Schaufel a paar Knocha
Ens Eckla an dr Mauer — 's liegt scho' ällerhand
Von sotte weiße Boiner do . . .

Dr Ehne kommt drzua ond hört's ond schmonzelt
Ond sait: „Des g'freut mi, daß d' mr Platz machscht;
Lang schaff' i's nemme, ond i möcht halt gern
Au onter meiner liaba Bluatbuach liega".
Sei' Pfeifle zend't 'r au a, guckt zom Baum nuff
Ond nickt 'm zua wia 'm alta Freund, ond goht. —
's ischt mancher Knocha no' 'rompfluderat heut,
A ganzes Bergle ischt em Wenkel g'leaga,
Ond d' Bluatbuach, d' alt', hot drzua g'rauscht,
Ganz lend, grad wia a Muatter wischpert,
Wenn's Kendle schlofa soll, ond sie sengt's ei' . . .

No han i denkt: en hondert Johr vielleicht
Kommt wieder oiner ond muaß Platz do schaffa
Für d' Enkel von de Enkel von de Buaba,
Dia jetzt am Bronna drüba d' Mädle spritzat.
No schärrt 'r au vielleicht mein'n Schädel raus
Ond schmeißt 'n do ens Eck zu andre Knocha.
Mei' Bluatbuach aber, dia wird emmer no'
Do standa, ond ihr ronde große Kron'
Em Hemmel wiaga ond ihr Liadle somma . . .

Bei dr Kiesgruab'

En dr alta Kiesgruab henta
Ka'scht da ganza Dorf-Kruscht fenda:
Lauter G'lomp, des nix meh' koschtat,
Weil 's total scho' ischt verroschtat —
Kessel, Eimer, Pflüag' ond G'rät,
Pfanna, Wanna, Kanna, Dräht',
Sofa-Federa, Motor',
Häfela ond Ofarohr':
Was noch Blech ond Eisa schepparat,
Was bloß no' a bißle kläpperat —
Älles ischt do zammatraga
(Drom ischt au 's Plakat a'gschlaga,
Warnt da Bauer ond bedroht 'n:
„Schutt abladen streng verboten!"). —
Scheußlich sieht des aus, de'scht wohr —
Aber woischt: oi' Mol em Johr
Kommat se mit ma 'rabklappbara
Waga zua dr Kiesgruab g'fahra,
Auf den lädt ma romp ond stomp
Zom Verschrotta äll des G'lomp,
Führt 's en d' Stadt, en d' Giaßerei —
Ond no gibts 'n Eisabrei:
's Feuer frißt da Roscht em Tiegel
Von de Roifa, Rohr' ond Riegel,
Ond no ka' ma' neue Sacha
Aus 'm gschmolz'na Eisa macha:
Neue Kessel, Häfa, Dräht',

Pfanna, Wanna, Kanna, G'rät!
Bei dr alta Kiesgruab drauß
Stoht au onser Armahaus.
Alte Manna, alte Weiber:
Schuaschter, Handwerksburscha, Schreiber,
Sempel, Deppa, schlaue Kerle,
Lompabrüader, feine Herrle
(So verkrachte Fabrikanta!),
Schlampa, Luader, guate Tanta —
Böse Böck' ond brave Lämmer
Hockat do en kahle Zemmer,
Schwätzat bis zom Essa-Läuta
Von de guate alte Zeita,
Streitet 'rom ond dischkerierat,
Ganget 'naus no ond spazierat
Ällaweil em gleicha Trott
Om ihr Kiesgruab: Menscha-Schrott . . .! —
Aber, aber — all paar Wocha
Kommt vors Haus a Karra 'krocha
Ond nemmt en 'ra schwarza Kischt
No oin' mit, der gstorba ischt.
Ond de andre standat rom,
Denkat: Ob bald i dra'komm?! —
's kommt a jeder dra': vom Haus
Führt ma' 's uff da Kirchhof 'naus,
Gräbt se zwischa Dreck ond Stei'
Em a Wenkel henta ei'. —

Ob's do no wohl au so goht
Wia beim Stahl ond Blech ond Droht:
Werdat von de alte Leiber
Neue Manna, neue Weiber
Aus de Gräber au do schlupfa,
Wieder jong durchs Leaba hupfa,
Wia ma' aus de roschtige Sacha
Wieder neue Rohr' tuat macha,
Pfanna, Wanna, Kanna, Dräht',
Häfa, Hacka, Pflüg' ond G'rät?!
Glaubat 'r, do „drüba" sei
Au a — Eisagiaßerei,
Wo ma' ons no, kloi' ond groß
(Et de Armahäusler bloß!)
En dr hoißa Höllagluat
Ällesamt — da Roscht 'ratuat...?!

A hemmlisches G'schichtle

Dr Moosbauer, dr Anton Huber aus Ixwanga — 'r kennat doch Ixwanga? 's leit en dr Nähe von Henteroberhausa ond Ennabeura — also, dr Moosbauer ischt gstorba ond vor 's Hemmelstürle nakomma. 's hot 'n do oba et viel andersch denkt wia drhoim: 's hot ausg'seah wie a schöner schwäbischer Hof; aus 'm Stall send grad d' Hemmelsschäfle 'rausglaufa zom Woida am Firmament. No hot 'r also an da Lada nadäpperat, ond no ischt dr Petrus 'rauskomma ond hot gsait: „Soso, du bischt dr Moosbauer von Ixwanga, gel? Gang no en d' Stub' nei — dr liab Herrgott wartet scho' mit dr Wôg' auf de!" — „Mit dr Wôg'??" frogt dr Bauer. — „Hajo: mit dr Wôg', wo d' Tugenda ond Laschter vom irdischa Leaba geganander ausgwoga werdat — moinscht vielleicht, du dürftascht bloß grad so en da Hemmel 'neispaziera?!"

Au, do ischt 'm Moosbauer 's Zäpfle elend nontergrutscht —: so a Wiagerei von Tugenda ond Laschter — oje, oje . . .!

No hot 'r also schüchtern an d' Tür naklopft, 's hat „Herein!" gruafa, 'r ischt 'neiganga — ond do ischt em Herrgottswenkel wahrhaftig dr Liab Gott gsessa, ond auf'm Tisch drvor ischt a großmächtige Wôg' mit zwoi Schala gstanda.

„Setz de na', Anton Huber!" sait dr Herrgott, „jetzt wolla mr amol seah, was mr mit dr a'fangat".

Dr Moosbauer hot gfolgt, hot se na'gsetzt ond gschwend 'n Blick auf da Liaba Gott riskiert. 's ischt a großer schö-

ner Ma' gwea, wia aus dr alta Familia-Bibel drhoim: mit ganz feine Händ' ond ama mächtiga weißa Bart, ond d' Auga hent ernscht, aber et o'freundlich dreiguckt.
„So", sait dr Herrgott ond blättert em a Notizbüachle, „viel Staat ischt fei' et mit dr z'macha, Moosbauer; i fend do ällerhand o'guate Sacha von dr. Aha: 's Gürgele hoscht scheints älleweil fescht g'schmiert; drei große Krüag Moscht em Tag ischt a bißle viel!"
„Liaber Herrgott", wogt do dr Anton d' Widerred' „schlieaßlich hoscht jo du d' Äpfel ond Bira so guat wachsa lassa en Ixwanga!"
Aber „Halt 's Maul!" wird 'r a'donnert, ond em gleicha Augablick denkt 'r: jo, des ischt jetzt a bißle frech gwea vommer!
Dr Herrgott hot enzwischa 'n schwera G'wichtsstoi' auf dia oi' Schal' von dr Wôg g'legt, daß se 's nonternemmt. No blättert 'r en seine Papierle weiter: „Ond a Geizkraga bischt gwea, Moosbauer, stoht do, a elender Häftlesklemmer. Meine schwäbische Handwerksburscha, dia scho' em Hemmel send, wissat nix Guats von dr: kaum a Riebele Brot hoscht ehne ällemol gönnt, ond du hoscht drneaba Speck gveschpert — schäm de!" Ond er wirft wieder 'n dicka Pfondstoi' auf de gleich Wôgschal'.
„Jähzornig bischt au gwea, Ma', ond streitsüchtig ond rechthaberisch, ond am Sonntig hoscht auf 'm Feld gschafft, wenn bloß a klois Wölkle am Hemmel gstanda ischt, ond amol hoscht me gar regelrecht b'schissa: hoscht

'n Hosaknopf en da Opferstock gworfa, pfui Teufel! Aha: als jonger Kerle hoscht amol a Mädle em Elend sitza lassa, des zählt fei' doppelt!"

Bei jeder Missetat, dia 'r vorglesa hot — 's send no a paar meh' gwea — hot dr Herrgott emmer schwerere Gwichter auf d' Schal glegt; 's letzscht hot 'r kaum verheba könna.

„So, ond jetzt", hot dr Herrgott gsait, „jetzt wollat mr amol noch deine Tugenda suacha, Bauer!" Blättert en seim Büachle weiter ond murmelt vor sich na: „Et viel z' fenda, et dr Red' wert. Amol ema Flüchtling a alte Bettlad' gschenkt — dia dr drhoim em Weg omganga ischt; amol a Kuah wieder ausgspannt, weil se da schwera Heuwaga hot et vrziah könna." Zwoi kloine Gwichtle hot 'r en d' Tugendschal' neiglegt.

„Weischt vielleicht selber no ebbas zu deine Gunschta, Huber?" — Do ischt 'r gstanda, dr Bauer, ond hot sich verzweifelt bsonna, was 'r Guats von sich verzähla könnt, ond 's ischt 'm nix eigfalla. Gschämt hat 'r sich ond hot denkt: des gschieht mr jetzt grad reacht!

Wia 'r no da Herrgott richtig wie a armer Sender a'guckt — ha, do sieht 'r en seine Auga schiergar ebbas wia a schelmisch Glitzera, ond do sait Gottvatter au' scho': „Woischt, Huber: daß de jetzt et mit Gwalt noch Tugenda suachscht, des will i dir wenigschtens für a kleine a'rechna!" Ond schmeißt wieder a Gwichtle auf d' Tugendschal'.

Aber do ischt 'm Huber zmol doch no ebbas ei'gfalla. „Liaber Herrgott", sait 'r, „i be jeda Sonntig en d' Kirch' ganga!"
„Do bild dr bloß et so viel drauf ei", sait dr Liab Gott, „i han deine Gedanka während der Predigt ällemol glesa — se send et groß geischtlich gwea." 's ischt a arg kloi's Stei'le gwea, des 'r ens Tugendhäfele neiglegt hot. —
En dem Augablick klopft's sachte an d' Tür, se goht 'n Spalt weit auf und do stoht a Engel — durch ond durch goht's 'm Moosbauer: des ischt jo 's Kathre'le gwea, sei' Weib, des 'r so früah hot hergeba müassa.
„Kathrele!" schreit 'r ond will auf se zua, aber dr Herrgott hebt d' Hand und do traut 'r sich et vom Fleck.
„Was isch los, Kathrele?" frogt Gottvatter.
„Allmächtiger", sait dia ond senkt ehrfürchtig en d' Knia, „i han grad vom Petrus g'hört, daß mei' Anton endlich 'raufkomma ischt — ond do han i a guats Wörtle für 'n ei'lega wolla."
„'r hot's au' nötig, Kathrele, guck no na'!"
Ond 'r zoigt auf d' Wôg.
Aber: „O liaber Gott", sait dr Engel ond d' Stemm zitterat 'm, „der Anton ischt fei' emmer arg liab mit mr gwea, 'n bessera Ma' hot koi' Weib en ganz Ixwanga ghet — ond wenn i hätt et so früah sterba müassa, no hätt' i auf mein Anton scho' aufpaßt, daß 'r et —."
„Soso, jetzt soll i wohl gar no schuld sei, weil i di domols so bald raufgholt han en Hemmel?!"

„Liaber Herrgott, so han i 's et gmoint."
„I weiß scho', Kathrele, i seh en d' Herza au von de Engel nei'. Also was hoscht do vrzählt: emmer ganz liab gwea zua dr ischt dei' Anton? Nia wüascht gschempft mit dr oder de gschlaga oder dr o'treu gwea?"
„Nia, nia, nia — nix von älledem — älles Liabe hot 'r mr bloß a'to' mei' kurz Leaba lang!"
Do guckt dr Gottvatter drei', wia mrs et beschreiba ka': ernscht wia a Richter ond doch au' wia a liaber Vatter, der seine Kender mag, ond no sait 'r: „Kathrele, 's ischt selta gnuag, daß a Weib des von ihrem Ma' saga ka', ond i rechne's deim Anton arg hoch a'!"
Ond nemmt 's allergröscht' Gwicht, des do glega ischt, ond legt's zua de kloine Stoi'le, daß es d'ander Schal jetzt em Hoppsatz hochnemmt, so hent d' Tugenda zmol nonterzoga!
„No gang halt zua deim Kathrele, Moosbauer!" sait 'r, ond jetzt lacht 'r wahrhaftig, daß 's ganz Hemmelsgwölb dröhnt.
Des läßt sich dr Anton et zwoimal saga, ond wia 'r sei' Kathrele glückselig en Arm neinemmt, do merkt 'r, daß 'm scho' zwoi Flügele gwachsa send . . .

Em Neabel

Heut siehscht d' Händ' vor de Auge kaum,
D' ganz Welt ischt lauter Soifaschaum.
Wia blend tappsch do em Neabel 'rom —
Könntscht moina, daß koi' Sonn' meh' komm'.
De siehscht koin' Weg, de woischt koi' Stond.
Em Schwadadampf bellt wo a Hond.
Isch's noh'? Isch's weit? Ma' ka' nix seah.
Hoppla — des ischt a Baumstamm gwea!
Trüabselig ischt doch so a Tag,
Wo's gar et richtig liachta mag.
Bloß guat, daß d' woischt uff älle Fäll:
Dr Neabel goht mol — no wurd's hell!

Ond wenn de no so ane gohscht,
Deine Gedanka schwoifa lohscht,
Kommscht ens Senniera au vielleicht:
Zom Beispiel di uff oi'mol deucht,
Daß au 's ganze Leaba, bis 's verlischt,
A Tappa durch 'n Neabel ischt:
An Stock ond Stoiner stoßscht de do.
Ond was ischt weit ond was ischt noh . . .?
A ziellos Wandra isch's em Grond.
Em O'sichtbara bellt a Hond.
So gohscht amol en letschta Neabel 'nei' —
Wird d' Sonna henter de Schwada sei' . . .?

Nachwort

Der schwäbische Wendelin Überzwerch — das ist nur der halbe Wendelin Überzwerch, könnten die Freunde und Liebhaber seiner hochdeutschen Gedichte und Merksprüche, seiner Schüttelreime, seiner Erzählungen und Glossen sagen. Sie hätten recht. Die Mundartdichtung macht nur den kleineren Teil seines Werks aus. Und doch haben wir in ihr in anderem Sinn den ganzen Wendelin Überzwerch. Seine heiteren Weisheiten und beherzigenswerten Sprüche, seine feinen Beobachtungen und ironischen Kommentare finden sich in ihr ebenso wie die skeptisch-lächelnde Weltbetrachtung und das grübelnde Nachdenken über die Fragen der menschlichen Existenz. Daneben stehen Stückchen urwüchsigen Erzählens, die spüren lassen, daß er keineswegs nur ein besonders begabter Reimer war. Wendelin Überzwerch hat erst spät — nach dem Zweiten Weltkrieg — angefangen, schwäbisch zu schreiben. Wie sehr er aber in seinem Dialekt verwurzelt war und wie natürlich Bodenständiges bei ihm klingt, kann man am besten ermessen, wenn man einige der Texte vergleicht, von denen zwei Fassungen vorliegen. Weit davon entfernt, künstliche Übertragung zu sein, lassen die mundartlichen Textfassungen die hochdeutschen verblassen.

Aber auch von den Themen her reiht sich Wendelin Überzwerch würdig unter die schwäbischen Mundartdichter ein. Fein empfundene Naturlyrik gelingt ihm ebenso wie die saftig-derbe Vergegenwärtigung eines

Metzelsuppenfests, und genug Heimatliches und Ländlich-Ursprüngliches findet sich, um auch dem Leser Genüge zu tun, der Mundartdichtung allzu eng verstanden haben will. Schließlich steht er auch in der guten Tradition, die im Mundartgedicht eine verständnisvoll-schmunzelnde bis bissig-ironische Menschenkunde betreibt. Dabei beschränken sich solche Genre-Bilder nicht nur auf unsere Erde, sondern auch der Himmel wird uns anschaulich vorgeführt („A hemmlisches G'schichtle") — eine Gabe, die oberschwäbische Mundartdichter — angefangen beim Altmeister Sebastian Sailer — in besonderem Maße zu haben scheinen.
Einige Anmerkungen seien noch zur Textauswahl gemacht. Bei Gedenkausgaben erweist es sich häufig als nicht einfach, die besten Texte auszuwählen und trotzdem aktuell zu sein. Gerade bei einem Dichter wie Wendelin Überzwerch, der Zeit und Leute prüfte und glossierte, wenden sich viele seiner besten Verse an den Leser seiner Zeit. So ist vor allem vieles von dem, was er über das Dorfleben und die Bauernarbeit schrieb, durch die erheblichen Wandlungen auf diesem Gebiet heute vordergründig nicht mehr aktuell, ebenso manches nachdenkliche Gedicht, das der unmittelbaren Nachkriegssituation entsprang. Eine Reihe dieser Gedichte wurde trotzdem in dieses Bändchen aufgenommen. Nicht nur, weil darunter die gelungensten Verse von Wendelin Überzwerch zu finden sind, sondern auch, weil sie ohne

falsche Sentimentalität einen Blick in eine nahe Vergangenheit erlauben, wenn sie als geschichtliche Zeugnisse verstanden werden. Anders steht es mit den jahreszeitlichen Gedichten. Hier könnte man dem Herausgeber eher den Vorwurf machen, einem vielleicht allzu modischen Auswahlprinzip gefolgt zu sein. Es schien hier jedoch angebracht, weil dieser Zyklus von Gedichten die Vielfalt der Töne erkennen läßt, die Wendelin Überzwerch zu Gebote standen — vom burschikos-scherzhaften über den stimmungsvollen bis zum düster-melancholischen. Daß hingegen eine Auswahl aus den „Sprüchla“ nicht fehlen durfte, war keine Frage.
Wie andere Mundartdichter hatte auch Wendelin Überzwerch immer wieder den Drang, dem Schwäbischen am Schwaben auf den Grund zu kommen und seine Landsleute nicht nur zu beschreiben, sondern auch zu erklären. Eine Probe aus diesen Glossen, die den Schwaben von seinen Redensarten und von seinen Leibspeisen her zu verstehen suchen, mag auch heute noch manchem Leser beim Nachdenken über sich selbst etwas helfen. Am gewichtigsten sind aber vielleicht die unter der Rubrik „Besinnliches“ zusammengestellten Texte. In Thematik und Ton sind diese Verse über Leben und Tod die ureigenste Gedankenwelt Wendelin Überzwerchs und sein bleibendes Vermächtnis.
Die sprachliche Form der vorliegenden Mundarttexte mag dem einen oder anderen strengen Kritiker vielleicht

mißfallen. Der Dichter hat in einer früheren Ausgabe selbst dazu Stellung genommen: „Wir bekennen . . . mit einem Anflug von schlechtem Gewissen, daß sich der in unserem Büchlein verwendete Dialekt nicht ganz eindeutig auf eine bestimmte schwäbische Landschaft festlegen läßt —: er mischt bisweilen das sanftere Neckar- und das räßere Oberschwäbisch. Der Autor ist halt viel „em Gäu“ 'rumgekommen!“ In einer Zeit, in der die starke Mobilität der Bevölkerung Mischformen und Schwankungen im Dialekt immer mehr zu alltäglichen Erscheinungen werden läßt, wird man an der nicht immer bodenständigen Sprachform dieser Gedichte wohl keinen Anstoß mehr nehmen und — fern rigoroser musealer Sprachpflege — auch gelegentlich unterlaufende hochsprachliche Ausdrücke dulden. Die Schreibung wurde bis auf kleine drucktechnische Vereinfachungen in der von Wendelin Überzwerch gewählten Form belassen. Punktuell auftretende unterschiedliche Schreibungen wurden vereinheitlicht.

Der Herausgeber